大夏书系·通识教育

中国经典给教师的教育智慧

刘建琼 罗慧 谭小京 著

华东师范大学出版社
全国百佳图书出版单位

图书在版编目（CIP）数据

中国经典给教师的教育智慧/刘建琼等著.—上海：华东师范大学出版社，2016

ISBN 978-7-5675-5853-3

Ⅰ.①中… Ⅱ.①刘… Ⅲ.①教育研究—中国 Ⅳ.①G52

中国版本图书馆CIP数据核字（2016）第265324号

大夏书系·通识教育

中国经典给教师的教育智慧

著　者	刘建琼 等
策划编辑	李永梅
审读编辑	齐凤楠
封面设计	百丰艺术
出版发行	华东师范大学出版社
社　址	上海市中山北路3663号　邮编　200062
网　址	www.ecnupress.com.cn
电　话	021-60821666　行政传真　021-62572105
客服电话	021-62865537
邮购电话	021-62869887　**地址**　上海市中山北路3663号华东师范大学校内先锋路口
网　店	http://hdsdcbs.tmall.com
印刷者	北京季蜂印刷有限公司
开　本	700×1000　16开
插　页	1
印　张	18
字　数	265千字
版　次	2016年11月第一版
印　次	2021年5月第三次
印　数	9 101-11 100
书　号	ISBN 978-7-5675-5853-3/G·9934
定　价	36.00元
出 版 人	王　焰

（如发现本版图书有印订质量问题，请寄回本社市场部调换或电话021-62865537联系）

序 教育智慧的审慎追寻

第一章 中国经典之教育观 / 1

《论语·卫灵公》——有教无类 / 3
《大学》——修身齐家 / 5
《荀子·儒效》——学至于行 / 7
《松滋县学记》——教化所本 / 9
《汉书·董仲舒传》——教化大务 / 11
《荀子·大略》——贵师重傅 / 13
《三字经》——教育之道 / 15
《朱子语类》——古之圣王 / 17
《孟子·滕文公上》——教以人伦 / 19
《论语·季氏》——孔鲤过庭 / 21
《列女传·母仪》——孟母三迁 / 23
《礼记·中庸》——博学笃行 / 25
《礼记·学记》——大学之道 / 27
《赠国子学正侯嘉璠弟》——胸无适主 / 29
《读书之要》——循序渐进 / 31
《礼记·学记》——大学始教 / 33

《种树郭橐驼传》——顺木之天 / 35

《庄子·内篇·人间世》——道不欲杂 / 37

《孟子·尽心上》——善教民爱 / 39

《吕氏春秋·诬徒》——达师之教 / 41

《象山语录·下》——凡欲为学 / 43

《白鹿洞书院揭示》——明理修身 / 45

《临川先生文集·原教》——失本求文 / 47

《礼记·学记》——教学为先 / 49

《荀子·大略》——学非为仕 / 51

《尚书引义·说命中》——行先知后 / 53

《四存篇》——政事之本 / 55

《礼记·学记》——凡学之道 / 57

《中论·治学》——黄钟之声 / 59

《道德经》——合抱之木 / 61

第二章 中国经典之教学观 / 67

《论语·述而》——不愤不启 / 69

《孟子·告子下》——不屑之教 / 71

《论语·先进》——因材施教 / 73

《孟子·尽心上》——所教者五 / 75

《礼记·学记》——大学之教 / 77

《论语·阳货》——死书活教 / 79

《礼记·学记》——教学相长 / 81

《礼记·学记》——大学之法 / 83

《庄子·知北游》——不言之教 / 85

《礼记·学记》——今之教者 / 87

《礼记·学记》——善教继志 / 89

《说苑·贵德》——春风风人 / 91

《荀子·劝学》——蓬生麻中 / 93

《礼记·学记》——进学之道 / 95

《庄子·内篇·人世间》——心莫若和 / 97

《韩非子·喻老》——千里之堤 / 99

《吕氏春秋·用众》——假长补短 / 101

《论语·学而》——德在文先 / 103

《礼记·学记》——君子善喻 / 105

《送陈秀才彤序》——读书为学 / 107

《王阳明全集》——童子之情 / 109

《四书训义》——以道相交 / 111

《论语·述而》——道德仁艺 / 113

《礼记·学记》——相观而善 / 115

《孟子·尽心上》——登山小鲁 / 117

《孟子·离娄上》——离娄之明 / 119

《礼记·学记》——学者四失 / 121

《白虎通义·情性》——见微知著 / 123

《诗经·小雅·采芑》——陈师鞠旅 / 125

第三章　中国经典之教师观 / 131

《师说》——传道授业 / 133

《文心雕龙·宗经》——韦编三绝 / 135

《庄子·秋水》——大方之家 / 137

《尚书·泰誓》——天降下民 / 139

《礼记·学记》——古之学者 / 141

《礼记·学记》——大德不官 / 143

《马说》——世有伯乐 / 145

《礼记·学记》——择师之道 / 147

《春秋繁露·玉杯》——善为师者 / 149

《荀子·致士》——师术有四 / 151

《答严厚舆秀才论为师道书》——交以为师 / 153

《礼记·学记》——记问之学 / 155

《论衡·超奇》——博闻强识 / 157

《论语·子路》——身正令行 / 159

《吕氏春秋·诬徒》——善教章明 / 161

《姜斋文集》——恒于教事 / 163

《陋室铭》——山不在高 / 165

《处世悬镜》——胜人胜己 / 167

《礼记·中庸》——果能此道 / 169

《四书训义》——穷理格物 / 171

《世说新语·贤媛》——剪发待宾 / 173

《师说》——非师不约 / 175

《李觏集·广潜书》——教本在师 / 177
《默觚下·治篇》——成长去短 / 179
《樵谈》——庸匠误器 / 181

第四章 中国经典之学生观 / 187

《论语·季氏》——学而知之 / 189
《朱子语类》——熟读精思 / 191
《论语·雍也》——学习境界 / 193
《论语·述而》——必有我师 / 195
《颜氏家训·勉学》——无过读书 / 197
《论语·学而》——吾日三省 / 198
《明儒学案》——疑而后问 / 200
《论衡·程材》——熟能生巧 / 202
《荀子·劝学》——锲而不舍 / 204
《礼记·学记》——善学师逸 / 206
《宋史·欧阳修传》——画地学书 / 208
《荀子·劝学》——学不可已 / 210
《报袁君陈秀才避师名书》——秀才三勿 / 212
《魏书·崔鉴传》——学行修明 / 214
《论语·述而》——不思则罔 / 216
《管子·弟子职》——先生施教 / 218
《论语·里仁》——见贤思齐 / 220
《吕氏春秋·诬徒》——不能学者 / 222

第五章　中国经典之职业观 / 227

《吴越春秋·吴太伯传》——聘弃为师 / 229

《病起书怀》——未忘忧国 / 231

《论语·述而》——默而识之 / 233

《答韦中立论师道书》——抗颜为师 / 235

《荀子·礼论》——礼之三本 / 237

《论语·为政》——知之为知 / 239

《王阳明全集》——师严道尊 / 241

《史记·报任安书》——发愤所为 / 243

《论语·述而》——吾无隐乎 / 245

《离骚》——上下求索 / 247

《战国策·邹忌讽齐王纳谏》——了解自己 / 249

《史记·李将军列传》——桃李不言 / 251

《周易·乾》——厚德载物 / 253

《岳阳楼记》——天下忧乐 / 255

《颜氏家训·勉学》——春华秋实 / 257

《孟子·尽心上》——君子三乐 / 259

《孟子·尽心上》——求则得之 / 261

《孟子·离娄上》——自暴自弃 / 263

《随园诗话》——文星皆曲 / 265

《东周列国志》——仁者智者 / 267

《史记·高祖本纪》——运筹帷幄 / 269

《申鉴·俗嫌》——不受虚言 / 271

序　教育智慧的审慎追寻

刘建琼

21世纪，新出炉的词汇闯入学校视野，"教育智慧"当属其中，且为教育学界关注之重要主题。它抛却了教育研究的技术化品质，开始向真实的教育世界回归。教育的本质是育人，是要把人的潜能尽可能发掘出来。教育不是一个容器，仅仅把许多知识硬塞进学生的头脑之中。但是，长期以来由于理解的偏差，知识的获取成了最终的目的，而人的智慧的生成却成了"被遗忘的角落"。"教育智慧"这个概念的提出，使我们又一次触摸到教育的灵魂，使我们的教育"理直气壮"地拥有了自己的"领地"。

何为教育智慧？论述多多。或曰，"教育智慧是教师具有的教育理念、教育意识、教学能力、教学艺术等所达到的教育境界。哪里有教育哪里就有教育智慧。凡是被实践证明的行之有效、先进的教育思想、理念、方法和模式，均可称为教育智慧"。或曰，"教师的教育智慧集中表现在教育、教学实践中：具有敏锐感受、准确判断生成和变动过程中可能出现的新情势和新问题的能力；具有把握教育时机、转化教育矛盾和冲突的机智；具有根据对象实际和面临的情境及时作出决策和选择，调节教育行为的魄力；具有使学生积极投入学校生活，热爱学习和创造，愿意与他人进行心灵对话的魅力"。

此类界定肯定了教师在教育过程中的主体性和创造性，阐明了教师教育智慧的表现特征，但其共有的局限是：把教育智慧设定为一种境界。潜台词就是只有少数人才能够拥有，大多数教师则可能是一辈子都不可企及。果若如此，拥有教育智慧岂不成了一个教育的乌托邦？杜威曾经说过，教育目前是并且将来也是托付于平凡人的手上。因此，教育智慧应是指在具体的情境中，教师自主、理性、机智地选择自己的行动方式的内在品质，这就暗示了它是任何一个教师都可能拥有的特质，每一个人都有权利有可能去追求。

教师教育智慧生成的前提是教育理解。我们对教育要有一种重新的定位，清楚教育的目的是育人。

教师教育智慧生成的核心是教育信仰。观念的转变，新的观念形成，要求教师要有坚定的信念。

教师教育智慧生成的关键是教育思维。必须转化教育思维，从关注学生获取的知识，转向关注获取知识的学生。唯有这种视阈的转化，才可能为智慧的生成打开一扇紧闭的窗户。

教师教育智慧生成的方法是教育叙事。教育叙事要求教师说自己的话，做自己的事，它把教师从一个被动的执行者，提升到一个真理言说者的位置。这样，教师在真实的教育实践中，智慧已经悄悄地展开了翅膀。

——于是，这一册《中国经典给教师的教育智慧》(以下简称《教育智慧》)也揣着上述般般期盼，悄悄地飞上了读者诸君的案头。

作为世界文明古国，我国古代经典文献量大质优，堪称哲理智慧的宝库。《教育智慧》的著家独具慧眼，瞄上这一方"插上一根车辕都会长成一棵大树"的沃土，殷勤耕播，理性追寻，培育出一个教育智慧的丰腴金秋——教育观，教学观，教师观，学生观，职业观……五彩斑斓，遍地流金……这，应当说本身就是一种呵护教育的"智慧"。《教育智慧》的"智慧"还表现在其编撰的"四不"匠心：

一是选材不拘一格。炼铸《教育智慧》的"中国经典"并不限于"教育"主题，亦不囿于"论著"形式。或诗或词或歌或赋，举凡能开采出"教育智慧"之矿者，皆在选取之列。这就使得"矿物"元素丰富，"智慧"灵感飞扬。

二是布局不落窠臼。整体上的教育观、教学观、教师观、学生观、职业观五大方阵，每一方阵集结的重点条文，基本上网罗了教育智慧方方面面的话题。每一个条文中,又分"原文"、"注释"、"教育智慧"等。"原文"使读者一窥"经典"真容;"注释"则帮助读者释疑解惑;尤为精彩的是"教育智慧"部分,它起承转合,摇曳多姿,每一个条文不啻是一篇精巧的小论文;"阅读书篇"则既提供了延伸研读的篇目,且贴近条文,让读者感受到相关的研修氛围。每一条文强劲的"单兵"实力,组合成全书"集团冲锋"的威力,给读者一波又一波的心灵冲击,"教育智慧"就在这样的冲击中凝聚为团,集合成形。

三是取义"不修篇幅"。或据原意而掘进,或反其义而拓新,乃至一题生出多义,一义引出多层,提神醒脑,启心开智,为原本单调的"寻智"之旅平添生趣,也给人以学海泛舟时借风驭浪的启迪。

如此匠心独运的三"不"编撰,当然会引来另外一"不"——本书传阅的不胫而走。

经验证明,智慧不可能占有,不可能耳口相授,只可能孜孜追求。"教育智慧"不是提供一种范式,帮助教师拥有智慧,而是对教师发出一种邀请、一种召唤,鼓励教师追求智慧的教育。踏破铁鞋方可知,社会的发展和教育的进步正急切地呼唤教育智慧。

在对教育智慧的审慎追寻中,我们一起唱响"同一首歌"!

2016年5月于长沙

第一章 中国经典之教育观

《论语·卫灵公》——有教无类

【原文】

子曰：有教①无类②。

——《论语·卫灵公》

【注释】

①教：教育。②类：类别。全句意指无论对什么人，都应当给予教育。

"有教无类"是孔子教育思想中的一大闪光点。在孔子之前"学在官府"，贵族垄断了文化教育权，教育仅仅局限于统治阶层范围。学校的贵族化，阻碍了文明的普及与发展，也扼杀了平民百姓的求知欲望。孔子打破历史陈规，创办私学，明确提出"有教无类"，开创了文化下移和普及教育的新道路，是中国教育史上的划时代创举，也是人类教育史上的一项重大突破。"有教无类"的思想在春秋时期具有超现实性。孔子所创设的私学，成了中国教育史上与"学在官府"相对立的学移民间的划时代的标志，是平民教育的滥觞。

"有教无类"是孔子教育思想的重要内容，也是他一生教育实践的总结。在"学在官府"的背景下，他广招门徒，不分阶级，不分贵贱，不分地域，不分贤愚，吸纳了像颜回、曾参、子路等平民弟子。

2000多年前孔子提出的"有教无类"的教育思想，不但体现了他理想的高远性，表现了他思辨的深刻性，而且反映了他精神的开拓性。"有教无类"的核心在于期望教育的平民化和公平性。在等级森严、权倾富傲的时代，能够直言"有教无类"，委实要有非圣人所难以思之言之为之的胆识与境界。"有教无类"寥寥四字，蕴含着深刻而广博的内涵。正是因为孔子的倡导与践行，老百姓对文化知识的渴望渐渐变成希望。正是这种精神的绵延，才使得平民尊享文化成果的权利逐步得以扩大。

教育行为是光彩的公益事业，推动着人类文明的进步。"有教无类"教育观的精髓至今仍然闪耀着现实主义的光芒：一是教育面前人人平等。不管是富庶还是贫穷，不管是显贵还是卑微，不管是强健还是赢弱，都有享受教育的基本权利。二是教育应当在机会平等的前提下，不断创造教育公平。遗憾的是，我们当今的教育在公允公正方面还有不少难以令人满意的现象。首先，教育资源还不够均衡，甚至还存在着某些乱象，人为地剥夺了寒门学子的部分教育权利；其次，资源结构的差异导致了"选择性教育"的滋生，致使相对贫困的学生失去了受教育的部分权利；此外，一些教师也人为造成一些不公平行为，感情上的亲疏、行为上的厚薄、评价上的取舍……挫伤了部分所谓"差生"的尊严与权利。而机会公平、权利公平是现代教育的重要标志。

我们要进一步研究"有教无类"的精神内核，有教无类的原则内涵应该被拓展：不分贵贱和贫富，不分男性和女性，不分年长与年幼，不分聪明与愚笨，不分勤奋与懒惰，不分城镇与乡村，不分汉族与少数民族，不分"优生"与"差生"，他们均应被一视同仁对待。

《大学》——修身齐家

【原文】

古之欲明明德①于天下者,先治其国;欲治其国者,先齐其家;欲齐其家者,先修其身;欲修其身者,先正其心②;欲正其心者,先诚其意;欲诚其意者,先致其知,致知③在格物。物格而后知至,知至而后意诚,意诚而后心正,心正而后身修,身修而后家齐,家齐而后国治,国治而后天下平④。

——《大学》

【注释】

①明德:美德。②心:心思。③知:见解。④平:这里的"平"不是"平定"之意,而是"使天下实现平等"的意思。

想要彰显美德于天下,先要治理好自己的国家;要想治理好自己的国家,先要把自己的家庭整治好;要想整治好家庭,先要修养好自己的品德;要想修养好自己的品德,先要端正自己的心思;要想端正心思,先要意念真诚;想要使意念真诚,先要提高自己的知识见解;提高知识见解,就在于探究事物的原理——如此层层逆向推论,令人信服了教育的重要。

"格物、致知、诚意、正心、修身、齐家、治国、平天下"是《大学》里的"八条目"，是儒家所倡导的人格阶梯。"八条目"包括"内修"和"外治"两个层面，前四级属于"内修"，后三级属于"外治"，其间的"修身"是连接二者的桥梁，为理想的实现疏通了道路。正因为如此，努力修身达到自身道德的完善，关乎一个人的前途，成为中国古代知识分子追求的目标，由此铸造了无数志士仁人的君子人格，影响着他们的思想行动，这也体现了教育的巨大功能。

随着时代的发展和人类个性的解放，人们更加注重内外兼修，精神与物质两线并行。虽然时代赋予道德规范新的含义，但"格物、致知、诚意、正心"，在任何一个时代都不会过时。对广大青少年来说，一方面要努力学习文化知识，另一方面要注重自我人格的培养与完善。只有身心协调发展，才能提升自己的道德修养，实现自己的人生抱负。

世间流传两则相关的历史故事。一则是"曾子杀猪"。曾子的妻子对儿子说："回来杀猪给你吃。"就因为这句玩笑话，曾子执意将猪杀掉，以兑现诺言，体现了言出必行的道德风范。在曾子看来，如果一个人连"修身"、"齐家"都做不到，何以能够"治国"、"平天下"？另一则是"陈蕃扫屋"。东汉的陈蕃从小就自命不凡，一心只想干大事，但独居之室龌龊不堪。其友薛勤笑道："一屋不扫，何以扫天下？"这对陈蕃的触动很大，从此他从"扫一屋"做起，终于做成大事，官至东汉大臣。两则故事殊途同归："千里之行，始于足下"。

《大学》阐述了以德为本、以德为首的重要。欲成大器，欲成大事，必须从自我的积德行善开始，要以自身的良好品德和高尚情操为基石。我们的教育应从大处着眼，小处入手，一是着力培养学生自正、爱人、敬事、担责的崇高品德；二是引导学生明白"为大事者必由微始"的人生哲理；三是养成求本务实的良好习惯；四是要指导学生参与社会生活实践与历练，炼铸时代精神以及担当大任的品质，把学生培养成德隆而技精的新时代人才。

《荀子·儒效》——学至于行

【原文】

不闻不若闻之，闻之不若见之，见之不若知之，知之不若行之，学至于行之而止矣。行之，明也。明之为圣人。圣人也者，本仁义，当①是非，齐②言行，不失毫厘，无他道焉，已乎行之矣。故闻之而不见，虽博必谬；见之而不知，虽识必妄；知之而不行，虽敦③必困。不闻不见，则虽当，非仁也，其道百举而百陷也。

——《荀子·儒效》

【注释】

①当：恰当地处理。②齐：平等对待。③敦：这里用为治理之意。

本节用类乎"绕口令"的形式辨析了一则深刻的教育规律——没有听到不如听到，听到不如见到，见到不如理解，理解不如去应用。学习的目的在于应用。要想明辨是非曲直而不会有丝毫的偏差，除了遵循这个规律，没有其他的方法。所以听说了而不去见一见，虽然渊博却会有谬误；见到了却并不理解，虽然能识别但必然会迷妄；理解了却不去践行，虽然会治理却必然会处于困境。不听不看，即使偶尔做得很恰当，那也不算是仁德，用这种办法办一百件事只会有一百次的失败。

荀子强调"闻、见、知、行"的平衡。采用铺陈排比的句式，逐级递进，层层铺垫，突出了"行"的重要性。比孔子的"知之者不如好知者，好之者不如乐之者"更进了一层，孔子的观点局限于用学习情趣的变化来提高学习的效率，而荀子则臻于更全面更科学的境界。"纸上得来终觉浅，绝知此事要躬行"，"行"才是获取真知、增长才干、提高能力的关键所在。这一教育思想在当时无疑是最先进的，对今天的教育改革也不乏借鉴意义。

"闻之、见之、知之、行之"，揭示了人类认知与提升的基本规律，不失为教育的真知灼见。听到的信息多，看到的事情多，感知的学问多，对人的知识储备与学养积累至关重要。可是这还很不够，要想把听到、见到、感知到的东西变为自己的智力财富或转化为自己的智慧、能力和技能，还须有充分的行为实践。"实践出真知"。当前教育改革的重点之一，就是提倡指导和引领学生拥有富于时代特征的实践与创新能力，使学生具备人生所必需的终身发展的素质。这就要求我们的教育做到这么几点：一是引导学生通过丰富的信息资源了解新时期、新社会的快速变化，增添健康向上的情趣和现代文明的自觉。二是组织学生参观考察社会文化、社区文明以及社会发展的成果业绩，使学生真切地感受到身边的荣耀，增添投身社会文明建设的自信与热情。三是创造条件，创设载体，让学生有更多的知会、知理、知情的机会，不断补充生命所需的"微量元素"。四是组织学生开展社会实践活动，使学生在实践中得到锻炼，在实践中检验所知所会的现实价值和人生意义。

本条还给了我们另一层教育智慧的启迪——不论什么人，首先是要学，学了就要用，某一种知识经过实践证明是正确的之后，对这种知识的学习就可以告一段落，然后去学习更多更新更好的知识，只有这样才能不断进步。不要绕圈子、钻牛角尖、原地踏步，而应不断追求和攀登另一个更高的新目标。那种不去履行、不去拼搏、只啃老本的"消费论"，"消"磨的是自己的教育资源，浪"费"的是国家的教育人才，那是非常可惜的。

《松滋县学记》——教化所本

【原文】

致天下之治者在人才，成天下之才者在教化，教化之所本者在学校。

——（宋）胡瑗《松滋县学记》

本条可谓是一位撰有多部教育著作、执教三十年左右、受教育者不下数千人、对教育事业作出了很大贡献的古代教育家的"心窝子话"。从"致天下之治"的政治目的出发，揭示了人才、教化、学校之间的内在联系，提出了自己独到的见解：治国靠人才，人才靠教育，从而确立了培养"致天下之治"人才的教育理念。

难能可贵的是，作者"教化所本"的教育理念并非纸上谈兵，而是坚持开展扎扎实实的践行——

胡瑗毕生从事教育，集教学理论、实践和改革于一身，开创了宋代理学先河。

他将"教化为本"的观点渗透到教育改革之中，力主教育不能只是为了科举考试，获取功名，而是要"明体达用"，培养出既精通儒学经典又能在实践中运用的人才，因此要建立"敦尚行实"的学校，实施"立学教人"的教育，进行德、智、体、乐的全面考察，从而纠正了当时朝廷取仕的弊病。

为了贯彻"教化为本"的教育思想,胡瑗在中国教育史上首创了分斋教学、学生寄宿、主辅并修等教育制度。他设立经义和治事二斋,依据学生的才能和兴趣志向分斋施教。学生每人选一个主科,同时加选一个副科,使学生在领悟圣人经典义理的同时,又能学到实际应用的本领,培养了一批在经学、政事、文艺、军事、水利等方面学有专长的人才。

在普及教育方面,强调"师儒"和"兴校"的重要性,主张"广设庠序之教",大声疾呼"弘教化而致之民者在郡邑之任",促使宋朝当局下诏全国,要各州、县都要兴办学校。

在教学方法上可谓苦心孤诣,锐意创新,形成独特的学风与校风,史称"苏湖教法",经朝廷批准在全国推广,成为中国古代教育史上的经典。

他的言传身教更是可圈可点,在苏、湖执教的二十年间,亲手制订了一系列教育规章制度,自己常常"以身先之",盛夏之季,他也整天公服端坐堂上,绝不稍懈。同时又十分关心学生的生活,给以慈父般的关照。规章明、要求严,学生"皆循循雅饬","衣冠容止,往往相类",外人一看就知道是胡瑗的弟子。

他注重综合素质教育,要求学生要适当参加体育锻炼和各项游乐活动,注意用音乐来陶冶学生的情操。如在各种考试之后,他常与学生们会于"肯善堂"歌诗奏乐,至夜始散。在平时,诸斋亦常有弦歌声达于户外,致使路人也驻足倾听。他对音、体、美教育的如此提倡,在中国古代教育史上不能不算是一大开拓创新。

在教学中除重视书本教育外,同时还组织学生到野外、到各地游历名山大川,并把此项活动列入教程之中……

当这样一位教育家终因积劳成疾卧床不起而离任疗养时,京城为之轰动,相送者"百里不绝"。病故后被朝廷追谥为"文昭",被王安石誉为"天下豪杰魁",被范仲淹尊为"苏湖领袖",被苏东坡写诗颂扬……这一系列的"点赞"除了是对其人品的肯定,何尝不是对其"教化为本"教育观的认同!

面对这样一个生动而深刻的教育实例,不知你的教育智慧激起了怎样的共鸣?

《汉书·董仲舒传》——教化大务

【原文】

凡以教化不立,而万民不正也。夫万民之从利也,如水之走下,不以教化堤防之,不能止也。古之王者明于此,是故南面而治天下,莫不以教化为大务。立大学以教于国,设庠序以化于邑,渐①民以仁,摩民之谊②,节③民以礼,故其刑罚甚轻而禁不犯者,教化行而习俗美也。

——(汉)班固《汉书·董仲舒传》

【注释】

①渐:浸润,熏染。②摩民以谊:摩,通"磨",磨砺、砥砺。此有勉励之意。谊,同"宜"。合宜的道德、行为或道理,此与"义"相通。③节:节制。此有规范之意。

教化是董仲舒在《举贤良对策》中三大文教政策思想的教育主张之一,也是其教育思想的重要组成部分。作为教育工作者,我们应特别注意到这里面两处闪光的教育智慧——

一处是教化的作用。"教化"是集政教风化、教育感化、环境影响等多种手段于一体的一种泛教育,通过多种形式向人们正面灌输道理,又注意结合日常活动,使人们在不知不觉中达事明理，潜移默化，通过提高民众素养形成良好的社会风俗，其效果要比单纯的教育深刻且牢固得多。正因为如此，自古以来凡有见识的政治家都十分重视教化的作用，把教化当作正风俗、治国家的重要国策。《礼记·经解》中说："故礼之教化也微，其止邪也于未形。"教化思想萌芽于周代，至战国末始形成理论形态，到汉代，教化作为统治阶级的治民术而被全面推开。教化是政治、道德和教育三者有机结合的教育形式，从教育的角度而论，其要义有三：一是强调各级管理者本身的道德典范作用，二是强调学校教育对人民进行"明人伦"、培养道德意识和道德情感的特殊作用，三是重视对良好风俗习惯的培养，强调良好的风俗习惯潜移默化的教育作用。即"渐民以仁，摩民以义，节民以礼"，从而达到"教化行而习俗美"的理想境界。通过这样解析，其中如怎样实现政教风化、怎样进行教育感化、怎样优化环境、如何建立起完备的教育感化体制等等，是否有许多让我们今天的执教者们怦然心动的地方？

另一处是实施教化的途径。董仲舒推崇教化列举了多种途径，如独尊儒术的主张："诸不在六艺之科、孔子之术者，皆绝其道，勿使并进"；又如对"性善论"和"性恶论"的调和："性待教而为善"，要使性成为善，必须通过后天的教育，而教育的作用就在这里；再如主张兴办学校以广教化、养士育才："立太学以教于国，设庠序以化于邑。"从而初步建立国家教育体系。如果说这些方面还只是提及了教育的内容，关涉到教育方针、教育政策和教育思路，那么一些更为具体的要求就可谓是矛头直指了。董仲舒在向汉武帝建议兴太学时，特别提出"置明师"和"善为师"的问题。"善为师"的"明师"应当"强勉学问"，刻苦钻研，达到"博"与"明"的境地；善于对学生勤加了解、考问而充分发挥其才能，即"数考问以尽其才"；有高水平的教育教学能力，能达到"圣化"的功力和境界——"善为师者，既美其道，有慎其行，齐时早晚，任多少，适疾除，造而勿趋，稽而勿苦，省其所为，而成其所湛，故力不劳而身大成。此之谓圣化，吾取之。"能以身作则，对学生教育要适时、适量、适度，注意受教育者的才能特长，注意从容引导，等等，这些，不正是今日之教师亟须认真践行的吗？

《荀子·大略》——贵师重傅

【原文】

国将兴，必贵师而重傅①……国将衰，必贱师而轻傅。

——《荀子·大略》

【注释】

① 傅：教导、辅佐帝王或王子的老师。

荀子的这一名句意思很明白：国家将要兴旺的时候，一定十分尊重教师；国家将要衰亡的时候，一定格外轻贱教师。此条采用对比的方法，以尊师与贱师为标准，衡量一个国家政治的优劣与国运的兴衰，虽不乏夸张成分，却发人深省。

"师"与"傅"在封建社会中都由德高望重的人充任，他们的特殊地位决定了他们对帝王的政治影响。"师"、"傅"尚且受到轻贱，其他臣下则可想而知。因此，荀子在这里实质上道出了一个由来已久的教育规律，充分说明了尊师重教的重要意义。

贵师重傅抑或尊师重教，是一个具有多重视角的社会现象。

先说教师自尊。要得人尊，先得自尊。不必讳言，当前的师德状况并非铁板一块无可挑剔，教育领域并非世外桃源，教师队伍中也有不正之风，甚至也存在着腐败现象。

毫无疑问的是，师德是社会公德的一个组成部分，它是符合教师职业特点的一种行业公德，是社会文化长期积淀的一种特定的道德观念、道德准则、道德行为的综合体，具有鲜明的时代特征。新时期的师德内涵应体现新时代的精神风貌。它要求每位教师深入领会"忠于使命、敢于担当、不畏艰难、创新争先"的时代内涵，坚持"认真扎实、务实创新"的工作原则，爱岗敬业、为人师表；作学生和社会的表率，热爱学校，心系学生，在言行举止上严格要求自己，着装整洁大方，语言文明亲切，行为标准规范，以良好的师表形象服务学生和家长。坚持反腐从自身做起，从小事抓起，坚决杜绝教师讽刺、挖苦、歧视学生，体罚或变相体罚学生的行为，坚决杜绝不备课进课堂、课堂上随便讲、酒后进课堂的行为，坚决杜绝有偿家教、索要或接受学生、家长财物，向学生推销学习资料及其他商品等行为；坚决杜绝教师在与学生家长沟通中，话难听、脸难看，指责、训斥学生家长的行为。勇敢面对教育发展中遇到的困难和矛盾，真正担负起教书育人的历史使命。说白了，就是通过"自尊"积攒赢得社会尊重的"本钱"。

再说社会尊重。教师是社会人，教师作为一种职业，具有普通人从业的特点。社会应清醒地认识到：教师是人，不是不食人间烟火的神。在学校他们是教师，应为人师表，这是他们应尽的职责；日常生活中，他们就是社会的普通一员，这是教师最基本也是应有的权利。一方面，教师是传承文明的载体，是培养下一代的园丁，其从业人员理应是社会的精英，从业行为理应受到社会的监督，对没有师德、不适宜从事教育工作的人，理所当然地要被从本行业中清除出去。另一方面，长期以来，社会看待教师常有偏见，往往以偏概全，对教师过度求全责备，甚至妖魔化。个别教师有体罚行为，社会就骂所有老师野蛮；个别教师道德败坏，社会就骂所有教师是禽兽；个别学校多收了一点费，社会就骂所有教师卑鄙下贱，甚至以此证明师道沦丧。因此有学生拖欠作业的、长期翘课的、上课吵闹的、考试舞弊的、顶撞老师的，教师则不想管，不敢管，到头来坑了教育，害了孩子，误了国家。可见"贵师重傅"的古典传统还须大肆张扬，尊师重教的功课还须努力进行。

《三字经》——教育之道

【原文】

人之初,性本善。性相近,习相远。苟①不教,性乃迁②。教之道,贵以专。

——(南宋)王应麟《三字经》

【注释】

①苟:如果。②迁:变迁。

大凡人刚出生的时候,天性本来是善良的,本性都很接近。人性本善,是人类内心世界真实的写照。但现实生活中,每个人的禀性和习性不同,如果不从小教育,他们就会随着种种不同环境的熏习,养成不同的习性,进而影响其一生。历史证明,好的教育能促进贤圣之人的成长。相对地,污浊的教育环境也会腐蚀人心,破坏人的本质,小者影响其一生与家庭,大者败坏社会风气,影响国家安定。

教育之道一是重在根本。教育的根本就是培育、长养孩子的善心、善念、善行,纠正其偏差的观念、错误的言行举止,引导其具有正确的思想理念,进而有宏伟的人生观、世界观,明白人生义务,懂得如何做人,以期达到育人的目的。

具体到教育环节,首先是进行经典教育。儿童天性未染污前,善言易入、善心易导、善行易养。我们的教育要把握先入为主的原则,对历经了时间检验的传统经典,教导其诵识熟读,牢记不忘。现代社会诱惑太多,不法网络、不良电视节目等影响太大,作为学生的未成年人,往往没有辨别是非的能力,很容易受到不良因素的影响,上网、打游戏、逃学、说脏话,这些现象在一些学生中已司空见惯。这里摘录两个段子以窥一斑。

其一:人之初,性本善。不写作业是好汉,老师批你怎么办?和他对着干。干不过怎么办?去找奥特曼。找不到怎么办?拿着M4和他干。打不着怎么办?拿着书包快滚蛋!

其二:上课一排全睡,考试全都不会,成绩基本个位,抽烟打牌都会,打饭从不排队,逃课成群结队,短信发到欠费,上街花钱干脆,穿越如痴如醉,地下忘记疲惫,炫舞手鼓敲碎,问道闭眼都会,飞车百战不退,魔兽砍人无罪,垃圾学校万岁。

这样的"情况"给出了冷峻的提示:"苟不教,性乃迁"!

教育就是要让孩子有一个健康向上的人生态度,以适应社会发展的要求。实践证明,通过经典教育可以防止种种环境污染。

其次是进行综合教育。家庭教育是一切教育的根本。成长期间,家庭教育是根基;求学期间,学校教育是核心;步入社会,社会教育就是每一个人的必修课。通过三位一体的综合教育,实现全方位覆盖的正能量传递,以提升人性向善的质量与速度。

教育之道二是贵在坚持。古时候,有"江南才子"之称的唐伯虎,幼年时也曾因用心不"专"而受到老师的训诲,但最终他悟出了"贵以专"的道理,奋起直追,技艺大大超过了老师的预期。这个例子启发我们:在教育过程中,是不是专心教了,是不是专心学了。不要等到时机会从身边溜走之后,再来懊悔当初为什么不"贵以专"。

《朱子语类》——古之圣王

【原文】

古之圣王，设为学校，以教天下之人。……必皆有以去其气质之偏，物欲之蔽①，以复其性，以尽其伦而后已焉。

——（宋）朱熹《朱子语类·卷七》

【注释】

① 物欲之蔽：物欲的蒙蔽、遮蔽。

朱熹是儒家经典著作的训诂者与创新者，特别强调德育的重要性，其德育观具体而富有层次感。他最先提出"小学"与"大学"的育人概念，倡导既有联系又有区别的教育。在教育方法上，朱熹强调先入为主、生动激趣和规范养成。他首创的《须知》《学则》等道德品质和行为习惯养成的守则，为后世的教育提供了十分有益的借鉴。

朱熹重视教育对于改变人性的重要作用。在他看来，要克服"气质之偏"，革尽"物欲之蔽"，学校的德育既要被放在首位，又要被具体落实，学生必须从洒扫应对进退、礼乐射御书数开始，以修养其孝悌忠信之性，再教以格物致知之道。"明人伦"的教育思想严厉抨击了当时功利主义的学校教育，起到了尽快改变教学风气以正本革弊的积极作用。

朱熹主张家长对青少年必须严格管教，切不可娇生惯养。培养青少年良好的道德习惯是道德品质养成的关键所在。如何有效地培养青少年的道德行为习惯呢？朱熹认为须从具体的日常事务入手，在其撰写的《童蒙须知》中，对儿童的衣服冠履、言谈举止、待人接物、洒扫应对、读书写字等日常生活习惯和行为准则都按照儒家的标准作了具体规范，比今天的《学生守则》还要细致，要求青少年遵循不违，诚履笃行。朱熹认为要养成青少年的良好道德行为习惯还必须同时向他们灌输社会伦理道德观念，形象地以眼睛和脚的关系来比喻行和知二者的关系："目无足不行，足无目不见。"行与知二者是相互依存的。

为达到克服"气质之偏"、革尽"物欲之蔽"的教育目的，朱熹的道德教育方法主要有二：一是循序渐进相衔接。从年龄到教材分阶段进行，由浅入深，由简到繁，不可中断。二是"致知"、"践行"相结合。既要"致知"又要"力行"，"知行相须"，知行统一。

朱熹关于德育目的和教育方法的理论与实践，对今天的学校道德教育仍有借鉴价值。

学校教育始终要把育人放在首位。这既是传统文化所赋予的使命，又是教育改革的客观要求。道德的高尚才是社会人的基本素质，学校教育要勇于担当起培养正直善良的社会人的神圣职责。为此，教师应成为连接传统文化与现代文明的使者，义不容辞地担负起育人的责任，着力培养具有民族内涵和时代精神的新生代，为未来文明提供支撑。一是要把握德育的精髓与要义，引导学生具备现代文明禀赋，做一个健康、善良、包容、亲和和担责的现代人。二是要注重培养学生良好的行为规范，有足够的分辨善与恶、真与假、美与丑的能力，做一个情趣高尚、行为规范的正派之人。三是教师要具备相应的教育智慧，善于区别对待，因人而异地挖掘学生的道德潜质，依据不同的情况实施有针对性的教育和劝导，使他们各得其所、皆有所成，做一个有较高品位的人。四是在开展德育过程中，要讲究策略与方法，无论是克服"气质之偏"、革尽"物欲之蔽"，还是倡导"以复其性，以尽其伦"，都要注意运用生动活泼、形象有趣的载体和活动来调动学生，促使他们正确认识，乐于接受，进而做一个自律、自励、自成的现代社会人，"而后已焉"。

《孟子·滕文公上》——教以人伦

【原文】

后稷①教民稼穑，树艺②五谷。五谷熟而民人育。人之有道也，饱食、暖衣、逸居而无教，则近于禽兽。圣人有忧之，使契③为司徒，教以人伦：父子有亲，君臣有义，夫妇有别，长幼有叙，朋友有信。

——《孟子·滕文公上》

【注释】

①后稷：人名。②树艺：种植。③契：人名。

孟子是中国历史上将"教"和"育"连成一个词使用的第一人。孟子认为人生来就有仁、义、礼、智的善端，然而却并没有因此而放弃教育的人性教化意义。他强调人若饱食终日而不进行教育，人原本具有的"善端"就无从生长，人性也就会归于泯灭而近于禽兽。

长期以来，国人的人性意识淡薄，人性及其价值几乎在所有的教育语境中被封杀。教育学对培养"什么人"说得多，对培养"人的什么"却语焉不详。这种理论上的忽视，在教育实践中造成了始料未及的严重后果。当我们面临着道德滑坡、理想迷失、人性变异的严峻现实——卖菜人不敢吃自己种的菜的、酒老板不敢尝自己酿的酒、房产商不敢住自己建的房……这一串串社会问题就在质疑我们的教育是否因批量"生产"而失去了人性?!

人性教育既重视培育"什么人",又重视培养"人的什么"。这是被遗忘了的"教育"的题内之义后的必然回归。它是较之教育过程中的知识传授、行为规范更加深入、更能说明人类教育是什么的本质叙述。在当代中国深化教育改革,强调"以人为本"的时刻,人们有理由把"培育人性""符合人性"视为社会发展和教育改革标准的最内在的体现和依据。

诚然,现实生活中人性往往会因片面地发挥而导致畸变,如先后出现的唯政治论与唯经济论,前者导致"人对人唯斗"的普遍"战争",后者则导致"人对人唯钱"的"铜臭"世界。这些都是人性的异化。要克服这种异化,不是靠取消或限制人性,而恰恰是开展人性教育,提高人性自觉。具体主要抓好如下这两点。

一是注重培养善性、理性,强调精神追求。在剔除性善论中的唯心主义先验成分之后,"独善其身"、"与人为善"、"兼善天下"的积善成德之善,与今日的德育要求有机结合,应该成为我们今天人性教育的主要目标。同时必须强调:尽管在一定的意义上,"德"与"得"相通,理性与实用相连,但过分的工具化会使道德异化为伪善之德,理性演变为"理性工具主义",这样非但无益于人性培育,反而会使人物性化甚至妖魔化。历史的经验值得我们警惕。

二是坚守人性底线,实现人性升华。人是万物之灵,动物永远不可企及。但若"饱食、暖衣、逸居而无教",跌破了人性底线,就会"近于禽兽"。"人性底线"包含敬重生命、恪守公德、言行诚信、人生价值、遵纪守法等主要内容。坚守人性底线,就是在人兽疆界处设防。通过道德格言、警句、戒律、誓言的教育方式,强化人性自省的警策性,同时充分考虑到"行为犯规"可能导致的严重后果,给自我行为明确地划出一个绝对禁区,引导学生实现人性的升华。

于是,我们的教育又平添了许多的工作分量。

《论语·季氏》——孔鲤过庭

【原文】

陈亢问于伯鱼曰:"子亦有异闻乎?"

对曰:"未也。尝独立,鲤趋①而过庭。曰:'学《诗》乎?'对曰:'未也。''不学《诗》,无以言②。'鲤退而学《诗》。他日,又独立,鲤趋而过庭。曰:'学礼乎?'对曰:'未也。''不学礼,无以立③。'鲤退而学礼。闻斯二者。"

陈亢退而喜曰:"问一得三。闻《诗》,闻礼,又闻君子之远其子也。"

——《论语·季氏》

【注释】

① 趋:小步快走,表示恭敬的动作。② 无以言:不懂得怎么说话。③ 无以立:不懂得怎样立身。

这是一则孔子教子的故事,说的是孔子的学生陈亢问孔子的儿子孔鲤(伯鱼):你在老师那里听到过什么特别的教诲吗?孔鲤讲到自己有两次过庭时,孔子曾问他"学《诗》了吗?""学礼了吗?"并说"不学《诗》,就不懂得怎么说话","不学礼,就不懂得怎样立身"。

一个平淡的故事,激起几叠心波——

其一：礼仪是中华民族的传统美德，从古至今，源远流长。随着社会的发展，人际交往日益频繁，文明礼貌已成为扩大交流、增进友谊、加强合作、促进发展的重要手段，更成为衡量人的综合素质的重要内容，成为社会环境的质量标签。礼仪无处不在，作用太多太多。校园里的互相理解与宽容，同事间的团结与协作，人与人之间的友谊与互动，个人的形象与魅力，无一不打着"礼"的烙印。一个人文化程度再高，若不懂得礼仪，也称不上优秀。智慧填补不了道德缺陷。"智商"、"情商"代替不了"礼商"。文明礼貌已成为一个学生、一名教师、一所学校综合素质评价"一票否决"的依据。如果说两千五百年前的孔老夫子就已意识到礼仪是一个健全人所必须的素质，那么今天的教师更应负起传承礼仪的使命，教书育人，用心培育校园的文明礼貌之花。

其二：执教严格是传统教育的一贯原则。名副其实的大师级的孔子对待自己的学生更是严格有加，即便那学生是自己的亲生儿子。当儿子"趋而过庭"（一个"趋"字，写尽学生儿子对先生老子的敬畏）时，孔子直接发问，短短三个字饱含严厉与关切。得到否定的回答后，孔子"何以言"、"何以立"的斥问，既有"训"的冷峻，更有"导"的慈爱。我们的教师读着这个小故事时，是否联想到了自己对待学生有没有这样的关爱？自己对学生的指导有没有这样的到位？我们不是一直为"教育公平"犯难吗？面对孔子对儿子如此一视同仁，我们是否悟到了——原来"教育公平"可以这样从小事做起、从自己做起？

其三：陈亢问孔鲤在老师那里听到过什么特别的教诲，孔鲤却回答"未也"，只是告诉了两次简短的问话。按一般情节，陈亢会大失所望，孔鲤回答的内容与他的期望值相距太远。可陈亢却像捡了个宝一样高兴。他的高兴是有理由的：我提一个问题，得到三方面的收获，听了关于学《诗》的启发，听了关于学礼的启发，还听了君子不偏爱自己儿子的启发。善哉陈亢！如此善于从平淡无奇的细节中"淘"出闪光的内容来，那审辨的深刻，那思维的敏捷，不愧是名师出高徒啊。若是让所有的学生都能练成"陈亢式"举一反三的内功，教师离"祖师爷"孔老夫子专业水准的距离不是又近了一大截吗？

《列女传·母仪》——孟母三迁

【原文】

邹孟轲之母也,号孟母。其舍近墓。孟子之少也,嬉游为墓间之事,踊跃筑埋。孟母曰:"此非吾所以居处子①也。"乃去,舍市傍,其嬉戏为贾人衒卖之事。孟母又曰:"此非吾所以居处子也。"复徙②舍学宫之傍。其嬉游乃设俎豆,揖让进退。孟母曰:"真可以处居吾子矣。"遂居之。及孟子长,学六艺,卒③成大儒之名。君子谓孟母善以渐化。

——(西汉)刘向:《列女传·母仪》

【注释】

①处子:安顿儿子的地方。②徙:迁移。③卒:最终,终于。

教育环境是重要的教育资源。一般来说,教育环境包括校园环境、校外环境和学生心理环境。校园的空间、设施、活动材料和常规要求等应有利于引发、支持学生的学习和各种探索活动,有利于引发、支持学生与周围环境之间有积极的相互作用。教师的态度、管理方式应助于形成安全、温馨的心理环境;言行举止应成为学生学习的良好榜样。建立良好的师生、同学关系,让学生在集体生活中感到温暖,心情愉快,形成安全感、信赖感。教育环境不仅指有形的学生可直接参与的物质环境，如活动材料、设施等，也包含了无形的但具有可亲近性的心理环境，如师生的对话、活动氛围等。如何充分挖掘利用教育环境以促进学生的全面发展，是教育改革必须面对的一个课题。孟母两迁三地，正是基于对教育环境价值的认识，用行动告诉我们：要创设与教育相适应的良好环境，为学生活动与表现提供机会与条件。教育心理学认为：学习过程是在与环境互动中实现的，环境是学生活动的凭借，也是学生活动的对象，环境的影响伴随学生身心成长的全过程，对促进学生良好的行为习惯养成和心理素质的形成，对发展学生智力和能力有着重要作用。从这种意义上说，环境不仅仅是学习的一种背景，一种支持，更是一种活动课程。因此学校教育要十分重视对环境的创设和利用。但在我们教育实践中，教师往往会忽视环境广泛意义上的教育价值，将目光局限于外显的教育功能上，或无法充分挖掘和利用环境对学生的综合影响，而在一定程度上削弱了环境所蕴含的可能的教育价值，使学生于无形中少了一位隐性教育的教师。因此，创设具有丰富教育价值的环境，引发学生不断与环境积极"对话"，使之成为环境中真正的学习主人，对学生的发展是非常重要的。

要有效地挖掘利用有限的环境资源，吸引学生与环境积极有效互动，使环境真正能成为促进成长的隐性课程，从而促进学生身心和谐发展，教师充分领会"环境即教育"的精神，积极探索在教育实践中如何深入挖掘各种教育环境资源的方法，探索如何加强学生与环境的互动，促进学生富有个性的发展。正确认识校园环境是指校园教育赖以进行的一切条件的总和，它既包括物的要素，也包括人的要素。教师就将精力主要放在"怎样启发、引导、支持学生参与，学生怎样参与"上，一方面实现教育环境目标物化，另一方面致力进行良好心理环境的创设。同时注重优化学校、家庭、社会三位一体的教育环境，努力改善校园周边环境和学生家庭环境，实现环境、教师、学生间的积极互动。

如果说两千多年前的孟母为选择良好的环境来教育孩子而只得多次迁居，那么现在我们已掌握了改造和改善教育环境的主动权，剩下的就看我们如何出手了。

《礼记·中庸》——博学笃行

【原文】

诚者,天之道也;诚之者,人之道也。诚者,不勉而中,不思而得,从容中道,圣人也。诚之者,择善而固执之者也。

博学之①,审问之,慎思之,明辨之,笃行之。有弗学②,学之弗能,弗措③也;有弗问,问之弗知,弗措也;有弗思,思之弗得,弗措也;有弗辨,辨之弗明,弗措也;有弗行,行之弗笃,弗措也。人一能之,己百之;人十能之,己千之。果能此道④矣,虽愚必明,虽柔必强。

——《礼记·中庸》

【注释】

① 之,学的对象(各种知识)。② 有弗学:意思是要么不学,学就要学会。③ 弗措:绝不放弃。④ 果能此道:果,确实。道,原则,精神。

博学:一指学习要广泛涉猎;二指要有博大和宽容的胸怀,学富五车而又虚怀若谷。

审问:就是要敢于质疑,善于质问,坚持考察、审视、比较、分析和汲取。

慎思:对所学的知识要不断思考,要联系社会生活和人生际遇,使知识得以升华。

明辨:指从学习知识出发,形成清晰的判断力,提高鉴别力和价值观。

笃行:要理论联系实际,增强实践能力与创新能力,通过具体行动提升学习质量。

为学是一个循序渐进的过程。"博学之，审问之，慎思之，明辨之，笃行之"说的是为学的几个层次，或者说是几个递进的阶段。为学首先要广泛的猎取，培养充沛而旺盛的好奇心。唯有博大和宽容，才能兼容并包，使为学具有世界眼光和开放胸襟，真正做到"海纳百川、有容乃大"。因此博学乃为学的第一阶段。接下来是"审问"，有所不明就要追问到底，要对所学加以怀疑。问过以后还要通过自己的思想活动来仔细考察、分析，否则所学不能为自己所用，是为"慎思"。"明辨"为第四阶段。学是越辨越明的，不辨，则所谓"博学"就会鱼龙混杂，真伪难辨，良莠不分。"笃行"是为学的最后阶段，就是既然学有所得，就要努力践行，使所学最终有所落实，做到"知行合一"。别人学一次就会了的，我就是学一百次也要会；别人学十次就会，我就是学一千次也要会。确实能按照这种精神去做，即使愚笨的人也一定能聪明起来，即使意志薄弱的人也一定能坚强起来。

"学、问、思、辨、行"，全面而深刻地阐明了教育或者学习的基本内容与基本方向，指明了教育与为学的逻辑次第，是学而有效、学而有成的重要阶梯。教育的意义功能集中表现为让学生养品行、增知识、明事理、长才干。作为阶段性的学校教育，应注重培育学生终身学习的能力。一是要在"先德"的理念下，尽可能为学生创造"博学"的机会，拓展学习的空间，为学生蓄积知识储备提供条件。二是要鼓励和指导学生质疑问难，长于思考，让"思想火花"与"知识火花"发生碰撞，进而生成新的智能。三是要通过恰当的平台和载体，让学生讨论、辩解，甄别是非曲直，感悟人生真谛，完善道德观念。四是要坚持教育实践，让学生尽可能地"笃行"，参加社会实践，参与调查研究，在"社会大学"里感受真知灼见，增长实际能力。

《礼记·学记》——大学之道

【原文】

　　古之教者，家①有塾②，党③有庠，术④有序，国⑤有学。比年入学，中年考校。一年视离经⑥辨志。三年视敬业乐群。五年视博习亲师。七年视论学取友：谓之"小成"。九年知类通达，强立而不反：谓之"大成"。夫然后足以化民易俗，近者说服而远者怀之。此大学之道也。《记》曰："蛾子时术之⑦。"其此之谓乎！

——《礼记·学记》

【注释】

　　①家：这里指"闾"，二十五户人共住一巷称为闾。②塾：闾中的学校。③党：五百户为党。庠是设在遂中的学校。④术：同"遂"，一万二千五百家为遂。序：设在遂中的学校。⑤国：国都。学：学校。⑥离经：把经文句子断开的能力。⑦蛾子时术之：小蚂蚁经常学习以致衔土成堆。

　　学习需要有良好的教学秩序，这是一个教育原则。古代对此早有认识，并由此设立一整套建立教育秩序的制度和措施。《学记》关于健全学校教育制度、严格考试制度、修业年限和视学制度的记载，就是对这个秩序的具体表述。作为牵涉到方方面面的教育秩序，比我们通常说的系统性原则含意要广，内容要多。教学秩序是教学工作中对各种重要关系的安排，是学校教育有条不紊正常活动的状态。

改革开放以来，我国各级各类教育有了长足的发展，但还存在许多问题或者乱象。一是办学不规范，不少学校或追求办大办洋，或盲目扩招敛财，一个大班80多人，上课煮饺子，下课赶鸭子，不顾教学质量；二是教学秩序被打乱，不按照教学目标、教学计划和教学大纲开课和教学，教学围着"考点"转，一切围着分数转，频繁的考试、成堆的作业、劳民伤财的重复训练，把学生变成考试机器；三是教学方式被扭曲，对教师进行金钱刺激，对学生进行分数刺激，改变了学校精神乐园的状态，形成了一种物欲泛滥的不良氛围——道德滑坡，纪律松散，暴力横行，社会腐败侵蚀校园，污染着校园绿洲。

学校教育要想出质量，上档次，当务之急是必须遵循"大学之道"，恢复和建立正常的教学秩序。

首先是规范办学行为。教学规模必须根据"家"、"党"、"术"、"国"的具体情况，与学校设施、活动场地、试验场所和师资队伍等相配套。

其次是规范教学力量。规范教师编制和教师工作量，落实教学计划，严格按照教学计划开足学科和课时，编制课表，不得轻易变动，不得随意开设学科和增加作业。

再次是规范教学行为。授课必须坚持社会主义核心价值观，积极宣传党的路线、方针和政策，指导学生正确认识社会现实问题，树立正确的"三观"；严格作息制度，保证教学时间；教师必须注意言行举止，为人师表；严格课堂纪律。

最后是规范评估制度，坚持教育督导与教学评估，让教师静心教书，潜心育人，学生德智体美劳全面发展。

每个教师都投入以"蛾子时术"式的热诚时，良好的教学秩序就会成为教育的新常态。

《赠国子学正侯嘉璠弟》——胸无适主

【原文】

读书数万卷，胸中无适主①，便如暴富儿，颇为用钱苦。

——（清）郑板桥《赠国子学正侯嘉璠弟》

【注释】

①适主：这里是指自己的主张、主意，也就是说读书要坚持独立思考，不能人云亦云，做书本的奴隶。如果没有这一条，即使选到了再适当的书，再刻苦地精读，也是不能收到好的效果的。由此可以看出，郑板桥强调的是读书求多是无用的，而应当精选出对自己有用的书，要学而致用。

"读书破万卷，下笔如有神。"这是杜甫脍炙人口的名句。而郑板桥却偏说："读书数万卷，胸中无适主。"这两句诗看起来意思截然相反，实际上是一个问题的两个方面。杜甫的话无疑是对的，熟能生巧，勤能补拙，这是古今中外学问家的经验之谈。但是，如果读书贪多而嚼不烂，缺乏驾驭知识的能力，自然会产生"胸中无适主的感觉"。因此，老子说："小则得，多则惑。"

从古至今，靠苦读而起家的事例举不胜举。然而，正如著名学者波得拉克所说的："书籍使一些人博学多识，但也使一些食而不化之人疯疯癫癫。"历史上，由苦读而弄得"疯疯癫癫"的也不乏其人。据说古时候有一个秀才,读书已"破万卷",按说该"下笔如有神"了。可惜他只知生吞活剥。有一次,一个死了丈母娘的人请他写挽联,他自然是满口应承,于是照着书上挽丈人的挽联抄了一幅,人家提醒他弄错了,他反倒说:"我是照书上写的,怎么会错?是他家死错人了,要是死了男人,不正对题吗?"真是荒唐之至!

古人云"读万卷书,行万里路",它告诉了我们一个朴素而深刻的道理:读书能跨越时空,让万里外之美景立于眼前,让古今中外人的思想诉之于脑海;读书而有益,多读而博知。这是无数事业有成之人的经验之谈。

学校教育首先应该让学生拥有文化,而要提高思想文化品位,就必须读书。经典文化一旦内化到广大师生的心里,外显出来的就是一道绚丽的风景。阅读经典可以使人趋真向善,可以使人宁静致远,可以使人宠辱不惊,可以使人气质高雅,可以使人成熟聪明。

读万卷书,行万里路,二者不可偏废。或埋头于故纸堆中数十年,俨然"暴富儿",而一出书房门,便不知东西南北;或跋山涉水,走遍天下,而问其山川道路,物产风俗,则茫然无语,"颇为用钱苦"了。凡此种种都不是读书行路的真谛。"读"而不思则罔。"读"得再多,如果不"行",最多只能成为书虫。当然,"行万里路",不一定真得行程万里,走遍天下名山大川。生活中有许多学问,只要留心观察,用心思考,用心实践,日久天长,必有所得。

学校教育应当成为"读书破万卷"的最佳场所:语文课本可以成为学生的课外读物;各个年级可以选择不同学段的阅读书篇。当然,要正确处理教材与课外读物的关系,正确处理读书与读教学的关系,正确处理阶段要求和总体目标的关系,正确处理阅读计划与学生兴趣关系,正确处理"万卷"与"适主"的关系,就要让读书真正成为教育不可或缺的重要元素。

《读书之要》——循序渐进

【原文】

字求其训①,句索其旨②。未得乎前,则不敢求其后,未通乎此,则不敢志乎彼。如是循序而渐进焉,则意定理明,而无疏易凌躐③之患矣。

——(宋)朱熹《读书之要》

【注释】

①训:指用较通俗的话去解释某个字义,如人言为信。②旨:意义,目的。③疏易凌躐:疏漏错误。

知识的积累过程是一个循序渐进的过程。因此,学校教育是一项循序渐进的系统工程。学校教育之"序"主要体现在这几个方面:

首先,学校教育之"序"要有系统性。教育之"序"的系统性,是由科学知识本身的特点所决定的。教材有一定的连贯顺序,教育有一定的先后次序。教育实践证明:只有本着事物自身的合理的知识体系,才能使我们有充分的可能来掌握知识。任何打乱知识的系统性、超越学生的接受能力的做法,都是违反教育规律的。一个人的头脑里如果充满了许多无序的知识,就会使大脑像是杂乱无章地堆着各种东西的仓库,连仓库主人自己也找不到要用的东西。教学不按部就班地系统地进行，就会杂乱无序，事倍功半，"前"尚"未得乎"，何能"求其后"？！

其次，学校教育之"序"要有适时性。要从学生的年龄和才能出发，依序施教。如果操之过早，它就不适合学生的接受能力和需要。相反，如果失之过迟，则学生的接受兴趣可能已经消失，也不容易使他们接受。要在教育对象的接受限度以内，循序量力地施教。教育先贤们反复强调：要使先学的东西为后学的东西开辟道路。因为求学譬如登楼，不经初级而欲飞升绝顶，只会导致疏易凌躐。现在，有的学校搞突击、搞竞赛、搞题海战术，片面追求升学率，都是违反循序渐进的教学原则，是不会取得什么效果的。即使偶尔见效，也绝不会持之久远，不少学生通过突击升入大学后，功课跟不上，这类的例证还不够多吗？

再次，学校教育之"序"要有启示性。学生是主体，教师是主导。教育是教育对象——学生——在教师的指导下进行的，并非学生的完全个人行为。所以，教师的教育态度、教育习惯和教育方法对学生的影响是至关重要的。教师不仅要授之以鱼，而且要授之以渔，在传授知识的同时，注重向学生传导正确的科学的学习方法，并且通过教育过程向学生进行循序渐进的样板展示。这就要求教师的教育思维围绕以下几个环节：一是在讲授知识要点时，要遵循由浅入深的原则，精心地设计坡度与梯度，引导学生不断思考，弄明白知识前后的内在联系，养成循序渐进的学习习惯。二是在分析问题时，要依据由表及里的规律，充分解析内在的关系，通过引证、类比等形象通俗的方法，帮助学生理清来龙去脉，掌握循序渐进的"路线"。三是在把握知识的系统性时，要按照学生的认知能力，从知识的浅近点出发，逐步理顺知识递进、转换、升级的内部结构，使学生形成清晰的感性认识与理性认识，增强循序渐进的能力。四是在教育过程中，要力戒"一步到位"的急躁，坚持"步步为营"的耐心，坚持循循善诱，致力开拓学生思考质疑的潜质，让学生获得启示与兴趣。

《礼记·学记》——大学始教

【原文】

大学始教,皮弁祭菜①,示敬道也;《宵雅》肄三②,官③其始也;入学鼓箧④,孙⑤其业也;夏、楚⑥二物,收其威也;未卜禘⑦不视学,游其志也;时观而弗语,存其心也;幼者听而弗问,学不躐⑧等也。此七者,教之大伦⑨也。《记》曰:"凡学,官⑩先事⑪,士⑫先志⑬。"其此之谓乎!

——《礼记·学记》

【注释】

①皮弁祭菜:皮弁,礼服;菜:用作祭品的芹藻之类。②《宵雅》肄三:《宵雅》即《诗经》中的《小雅》。肄:学习。三:《小雅》中的《鹿鸣》《四牡》《皇皇者华》三篇。③官:这用指做官的道理。④鼓箧:击鼓召集学生,打开书箧取书。⑤孙:同"逊",恭顺。⑥夏、楚:夏(jiǎ),通"榎",木中;楚,荆条。指体罚学生用的木条,亦作教鞭。⑦卜禘:卜,占卜;禘:大祭。⑧躐:超过。⑨大伦:大道理。⑩官:做官。⑪事:办事。⑫士:做士人。⑬志:立下志向。

本条记载的是"大学始教"的七项重要内容:

第一项：开学典礼。为学乃终身大事，因而古人对于开学典礼十分重视。开学典礼上，每位师生及官员都必须身着礼服，置备佳肴，祭拜先哲，以示对教育的敬重，对上学的重视。入学典礼庄重，表现了国家、社会对教育事业的重视；让学生感受到求学是人生的一件大事，是步入知识殿堂、走向成才的起点。

第二项：开学伊始，学生确立学习的目标和发展方向，当然也暗含着学习规章制度。让学生珍惜自己的身份，塑造良好的形象。

第三项：上课前，击鼓召集学生进入教室，督促学生打开书箱，拿出书本，开始精心恭顺地研读书本。这就是我们《学生日常行为规范》中的课前准备好学习用品，等待老师上课。

第四项：将教鞭（夏、楚）置于课堂之上，用来警示学生，树立教育威仪。

第五项：社会对学校非常重视，没有占卜和祭祀祖先，官员不能随意来学校视察。

第六项：教学过程中，教师要时常观察学生课上学习情况，不能随意给学生讲解，尽量多留一些时间和机会让学生自己动脑探寻问题的答案。

第七项：对年龄小的学生，只需认真听讲，不必深入探讨。这是根据学生的认知特点进行教学。

显然，这些都是教育教学要遵循的原则，即"教之大伦"。遥想在那么久远的年代，我们的教育先辈对教育研究透彻，既有长远规划，又有每日细则，打造良好的校风校纪，以贤士的心胸和志向来策励学生安心学习，树立理想和目标。对比之下，现在的教育恰恰缺乏这样的"教之大伦"，学生几乎已忘记了树立理想，教师也忘记了帮助学生树立理想，学校缺乏对学生真正有效的"大伦"教育，教育也就缺乏良好的风纪。今天的教育应当从"大学始教"中领悟到怎样的"教之大伦"，不是值得我们一思再思的课题吗？

《种树郭橐驼①传》——顺木之天

【原文】

驼业②种树，凡长安豪富人为观游及卖果者，皆争迎取养③。视驼所种树，或迁徙，无不活，且硕茂，蚤实以蕃④。他植者，虽窥伺效慕，莫能如也。

有问之，对曰："橐驼非能使木寿且孳⑤也，能顺木之天⑥，以致其性⑦焉尔。凡植木之性，其本欲舒，其培欲平，其土欲故，其筑欲密。既然已，勿动勿虑，去不复顾。其莳也若子，其置也若弃，则其天者全，而其性得矣。故吾不害其长而已，非有能硕茂之也；不抑耗其实而已，非有能蚤而蕃之也。他植者则不然，根拳而土易，其培之也，若不过焉则不及。苟有能反是者，则又爱之太殷，忧之太勤，旦视而暮抚，已去而复顾。甚者爪其肤以验其生枯，摇其本以观其疏密，而木之性日以离矣。虽曰爱之，其实害之；虽曰忧之，其实仇之。故不我若也。吾又何能为哉？"

——（唐）柳宗元《种树郭橐驼传》

【注释】

①橐驼：骆驼。②业：以……为业，作动词，意动用法。③争迎取养：意谓争相雇请他。④蕃：多，通假字，通"繁"。⑤寿且孳：活得长久而且繁殖茂盛。⑥天：指自然生长规律。⑦致其性：使它按照自己的本性成长。

《种树郭橐驼传》是唐宋八大家之一的柳宗元的代表作之一。是一篇兼具寓言和政论色彩的传记散文。讲一个叫郭橐驼的驼背种树人，种的树高大茂盛，果实丰硕。问其原因，他答出一个看似平常却令人深思的道理：顺木之天。即顺应树木的天性，实现其自身的价值。种树如此，育人何尝不是如此？

　　在"少年强则中国强"的理念下，当代青少年承载着方方面面太多的期望：家长担心孩子输在起跑线上，教师生怕弟子落在分数线下，学校唯恐学生拖了升学率后腿。于是，学生面对各种兴趣班、辅导班、加强班，各种严厉的训练，看不完的辅导书，写不完的作业本，排不绝的名次榜……正如柳宗元笔下的"他植者"，"爱之太殷，忧之太勤"：培土的时候，不是过紧就是太松；早晨去看了，晚上又去摸摸；更严重的，甚至抓破它的树皮来检验它是死是活着，摇动它的树根来仔细看土是松是紧。诚然，开卷有益，刻苦有理。可长此以往，学生"木之性日以离矣"，健康成长所需要的那种灵性已被窒息，那种天性已经走远。这种"虽曰爱之，其实害之"的教育悲剧，使人想起那则"拔苗助长"的寓言。

　　欲速不达，教育发展有它自身的规律，纯靠良好的愿望和热情而操之过急，只可能事与愿违。遵循规律，"顺木之天"才是硬道理。

　　顺木之天并非不作为。郭橐驼的秘诀是：栽种时要像对待孩子一样细心，栽好后既要关注，又不要干扰，重要的是不要妨害它的生长。树木的天性就得以保全，习性就得以实现。

　　善哉郭橐驼！妙哉顺木之天以致其性！

《庄子·内篇·人间世》——道不欲杂

【原文】

仲尼曰："嘻，若殆①往而刑②耳！夫道不欲杂，杂则多，多则扰，扰则忧，忧而不救。古之至人，先存③诸己，而后存诸人。所存于己者未定，何暇至于暴人④之所行？"

——《庄子·内篇·人间世》

【注释】

①殆：恐怕，大概。②刑：遭受刑戮。③存：存立，这里指道德修养的建立。④暴人：施政暴虐的人，这里指卫国国君。

庄子这里所说的"道"，是指人生的大原则。于天地间不管做哪一行，做任何一件事，都要精神专一、有始有终。"道不欲杂"，杂了，没有那个精力与智慧，结果顾此失彼，一事无成。

日本一家小企业，做产品特别"专一"，只生产哨子，但每年却能创造7000万的利润。无独有偶，美国一家门店专卖纽扣，结果成了收益可观的"纽扣大王"。哨子和纽扣用自己的故事，生动地佐证了"道不欲杂"的哲理。

岂止哨子与纽扣！国际数学大师陈省身和著名画家黄永玉，在回顾自己的成功之路时，心得与此如出一辙：别的什么都不会，只好专心干这个。说"别的什么都不会"是大师的谦虚，"专心"倒是成功的真谛。

事业如此，学业也是一样。光阴似箭，人生苦短，如果一会儿学这个，一会儿学那个，蜻蜓点水，浮光掠影，太多的目标容易让人游移不定，拿不准主意，徒增彷徨痛苦，笃定学不到厚实的学问。譬如有的学生报兴趣班，一会儿报语文班，一会儿报数学班，一会儿报书法班，一会儿报画画班……结果多是浅尝辄止，半途而废，枉耗了许多银子与青春。如果能专注于一两个班，并坚持下来，可能效果要好得多。

或曰：现在的社会飞速发展，需要的更多的是全能型的"通才"，现代教育理念也讲究通识教育。其实，"道不欲杂"与通识教育、专一与通才并不矛盾。"道不欲杂"强调的只是选准主攻方向，在自己感兴趣的方面投入主要的精力。曾有这么一个例子，说是在一个国际口岸，为了生计，几乎每一个人都懂得几国语言，人们经常会看到这样的场面：爸爸看英语报纸，妈妈在厨房做饭时用德语唠叨，妹妹在唱汉语歌曲，哥哥用西班牙语讲笑话。这样的场面也许很惹人羡慕。但让人深思的是：在这样一个人人能说多种语言的地区里，却没有出过一个有分量的学者。人们为生计学了多种语言，却再没有足够的精力与能力来深入研究。这可谓"道不欲杂"理念的又一个版本。

当然，"道不欲杂"的专一，并非主张"一条道走到黑"。坊间流传这么个一段子，讲的是一个三十而立的帅哥成了作家，他的学生向他请教成功的"秘诀"，他给学生看了一捆一尺厚的废稿，原来他热爱文学，多年来十分专一地坚持写作，写了很多稿子，光废稿就有一尺厚，后来他终于成功了。可他对学生说：记住，也只能是一尺厚，如果有了一尺厚的废稿后，水平还很差，不如改事他行，省得文章误我，蹉跎岁月。诚哉斯言！其实做任何事都是这样，要很专一，但不要很死板，到"一尺厚"时发现此路还是不通，就应当趁早另寻出路。

《孟子·尽心上》——善教民爱

【原文】

孟子曰:"仁言①不如仁声②之入人深也,善政不如善教之得民也。善政,民畏之;善教,民爱之。善政得民财,善教得民心。"

——《孟子·尽心上》

【注释】

①仁言:政教法度之言。②仁声:指雅颂之声,因其能深感人心、移风易俗,故谓之仁声。

孟子认为人的本性虽然具有仁、义、礼、智的"善端",但还必须通过教育加强道德修养,尽量去扩充和发展这些"善端"。

教育有广义和狭义之分。广义的教育泛指一切有目的地影响人的身心发展的社会实践活动。狭义的教育主要指学校教育,即教育者根据一定的社会要求和受教育者的发展规律,有目的、有计划、有组织地对受教育者的身心施加影响,期望受教育者发生预期变化的活动。

十年树木,百年树人。教育的根本价值就是给国家提供具有崇高信仰、道德高尚、诚实守法、技艺精湛、博学多才、多专多能的人才,为国、为家、为社会创造科学知识和物质财富，推动经济增长，推动民族兴旺，推动世界和平和人类发展。多年来的教育实践也检验了教育的这一功能。

然而，教育发展到现在，因了种种缘故，出现了种种弊端：教育不平等，精英教育与大众教育PK；家庭和学校的理想主义教育与社会的现实主义教育尖锐对立；学校教育对学生个性的扼杀，学习不能与劳动相结合，反而与考试相结合；社会教育的大染缸性质，酿成重重社会问题，不能与学校和家庭教育有效结合；教育产业化（私有化）对教师本身和对教育平等的严重损害……。尤其是，如今的社会、学校和家庭中最为缺乏的就是人文教育，仿佛这个时代只有经济利益，使得人在快节奏中无暇顾及教育给人带来人文精神的提升，让人看到的只是金钱和物质的消费，很难领略到人文科学的发展魅力。一个人和一个地方的发展到最后都是归根到人文的提高和品位的差别上。

我们的学校课堂里缺少的就是人文教育，这其中包括人的人性和灵性。人性教育讲究的就是做人的基本道理和情感，而灵性开发追求的就是人类最了不起的原创性和思想性。当前学校教育过分重视智力培养，忽视了情感教育，应当说是一种严重的本末倒置。人文教育长期缺失的结果是，虽然学生很聪明，但是在聪明中难以获得道德和情感的东西。他们对于如何做人、爱人、尊重人和帮助人的意识已经逐渐淡去，这不能不使人担忧和后怕。一个人缺失了感情，或没有健全的人格、人性，没有健康的人文素质，其知识和技能对于社会和人类只会成为南辕北辙的因素。尽管有天大的本事和拥有巨额财富，都只会滋生自私与恶性，殃及社会，贻害后世。可以说，如果我们的教育不能从人性出发，不能以培养健全的人格为根本，不能给人夯实真善美人文素质的基础，缺失了人最本质的人文情怀，那么所有的教育都是失败的，起码不能叫作"善教"。

因此，我们的教育应在加强知识与技能传授的同时，注重面向人文和人性，做"让人民满意的教育"，让教育真正成为"得民心"的"善教"。

《吕氏春秋·诬徒》——达师之教

【原文】

　　达师之教也，使弟子安焉、乐焉、休焉、游焉、肃焉、严焉。此六者得于学，则邪辟之道塞矣，理义之术胜矣。此六者不得于学，则君不能令于臣，父不能令于子，师不能令于徒。人之情，不能乐其所不安，不能得于其所不乐。为之而乐矣，奚待①贤者？虽不肖者犹若劝之。为之而苦矣，奚待不肖者？虽贤者犹不能久。反诸②人情，则得所以劝学矣。子华子曰："王者乐其所以王，亡者亦乐其所以亡，故烹兽不足以尽兽，嗜其脯则几矣。"然则王者有嗜乎理义也，亡者亦有嗜乎暴慢也。所嗜不同，故其祸福亦不同。

——《吕氏春秋·诬徒》

【注释】

　　①奚待：还用说。②反诸：反观。

　　教育是培养新生一代准备从事社会生活的整个过程，也是人类社会生产经验得以继承发扬的关键环节。学校教育是一门艺术。真正的教育，应当善于激发学生的兴趣，使学生能够沉浸在吕不韦先生点示的那几种氛围之中：安定、愉快、舒适、自由、庄重、严肃。这几点在教育过程中如果能得以践行的话，那么就一定能事半功倍。这几点如果在教育过程中得不到展现，那么教师就无法教育学生。

上述话语并非危言耸听。实践证明，人不会对自己不想干的事情感兴趣，不会在自己没有兴趣的事情上取得成果。教育如果瞄准了学生的兴趣，接受的教育如果使人感到愉快，学生就会乐于接受而努力学习，教育效果就显著；接受的教育使人感到痛苦的话，就是优秀的学生也不能持久坚持下去。

这就对我们的教育提出了一串命题：怎样更好地调动学生的积极性，让他们全力参与到课堂教学中？怎样激发学生的学习兴趣，让他们的注意力聚焦在教育内容上？

教育是一门艺术，也常常是一门遗憾的艺术。教师要做的是研究让这门艺术更完美的方法。教无定法，教可择法，教亦可创法。

在实际教育过程中，教师成为学生学习知识的引路人和指导者。从知识迁移角度来说，教师的主导作用应在拓宽思维、激发兴趣上；从教学过程来说，教师是导演，学生是演员，要使课堂气氛活起来，就要使每位演员都能扮演好自己的角色。在课堂教学中，别出心裁的导入、详略得当的发挥、恰到好处的提问都能更好地激发全体学生参与教学活动的积极性。教师在设计问题时，要注意设计问题的难易程度，同时要相信学生的悟性，给他们足够的思考空间。学生是一个蕴藏着巨大潜能的教学资源宝库，只要我们充分相信学生，尊重学生，解放学生，课堂就会充满生命活力。在课堂上，如果问题设计好了，就能激发全体学生的积极性，整堂课就是全体学生而不是个别学生在思考问题，从而真正体现"以学生为主体，教师为主导"的教学原则。

兴趣是人对一定事物和活动带有积极情绪色彩的内在倾向性。现代心理学研究证实，兴趣是学习中最活跃、最主动的因素，是教育的内在动力，也是一种特殊的意识倾向，是动机产生的主观原因。《吕氏春秋》说："达师之教也，使弟子。"怎样使学生把上课当作一种享受，这就要求教师视徒如己，从学生角度出发，设计好每一堂课，真正实现能让学生"安焉、乐焉、休焉、游焉、肃焉、严焉"的"达师"教育。

《象山语录·下》——凡欲为学

【原文】

凡欲为学，当先识义利公私之辨。今所学果为何事？人生天地间，为人自当尽人道，学者所以为学，学为人而已，非有为也。

——（宋）陆九渊《象山语录·下》

陆九渊强调，求学就是为了学做人的道理，没有其他功利目的。

在现实生活中，我们的学生经常会碰到自己不愿意接受或不愿意做的事情，有的学生能够大胆地说"不"，但更多的学生选择顺从和接受。因为我国的传统教育讲究的是"师道"，以教师为核心的观念根深蒂固，而这种专制的教育方式却极大地扼杀了孩子的天性，学生成了教师的限制受训对象。而我们所需要的是学生自主地表达自己的意愿，不要一味地忍让和盲从。那么，怎样才能让学生大胆地说"不"呢？

首先是转变教育观念，确立教育主体。中国的传统教育数千年来从未把学生看作教育的主体，从来只把学生当成知识的接收器，而不是知识的主人，因此学生始终处于被动的位置，缺乏主体意识和主动精神。学生生存、学习、做人、创造等各种能力和素质的形成过程就是学生自主学习、不断探索、大胆实践的过程。只有真正发挥了学生学习的主动性，才能够培养出出类拔萃的人才来。这才是我们教育的成功之处，教师应该经常民主地、平等地与学生交流思想、讨论问题，唤醒和激发学生的主体意识，确立学生的主体地位，肯定学生的主体精神，才能达到教育目的。

其次是校准教育目标，教会学生做人。陆九渊问得直接：今所学果为何事？也答得明白：学为人而已，非有为也。这就揭示了教育的目标：学习做人，即使不识一字，亦须堂堂正正地做人。我们今天所培养的是践行社会主义核心价值的世纪新人，更应该着力培养学生的自治、自主、自理能力，而不是压制他们的个性。人一出世什么也不懂，意识也很弱，在他们的成长过程中，我们的教育应充分尊重他们的人格，鼓励培养他们说真话、做真人，即使有些答案用我们成人的眼光来看是不可理喻的。只有当我们尊重他们、理解他们，他们才可能按照自己的愿望有选择地设计自我，同时按照自己的愿望为自己的生命赋予意义。一个人在精神上的最高尊严就是独立地为自己的生命赋予意义，而不是为了达到目的不择手段，说一些自己都脸红的话，做一些自己都羞愧的事。

再次是检验教育效果，放飞学生思维。面对一个常识性的问题："雪化了变成了什么？"有一个学生回答说："雪化了变成了春天。"面对这种答案，你是鼓励还是否定呢？如果你是鼓励赞许，可能收获沉甸甸的人才硕果；如果你是简单地否定，也许就封杀了一个敢于创新、善于思维的精英。我们的教育要求教师尽量引导学生用发散的眼光，立体地、多方位地审视教育内容，鼓励学生表达自己的独到见解，以培养学生的创新精神和求异思维能力。毛泽东就主张：凡答案都对而没有创造性的，则给60分；凡有创见，即使没有都答对，也可以给120分。当然，说"不"也是一种艺术，除了有深思熟虑之后的真知灼见，还需要讲究策略和方法，否则很难得到别人的真诚理解。而教育也只有营造让学生脱颖而出的生态条件，才堪称成功的教育。

《白鹿洞书院揭示①》——明理修身

【原文】

父子有亲,君臣有义,夫妇有别,长幼有序,朋友有信。右五教之目。尧、舜使契为司徒,敬敷②五教,即此是也。学者学此而已。而其所以学之之序,亦有五焉,其别如左:博学之,审问之,谨思之,明辨之,笃行之。右为学之序。

学、问、思、辨四者,所以穷理也。

若夫笃行之事,则自修身以至于处事接物,亦各有要,其别如下。言忠信。行笃敬。惩忿,窒欲③。迁善,改过④。右修身之要。

正其义,不谋其利。明其道,不计其功。右处事之要。

己所不欲,勿施于人。行有不得,反求诸己。右接物之要。

——(宋)朱熹《白鹿洞书院揭示》

【注释】

①白鹿洞书院揭示:亦称《白鹿洞书院教条》《白鹿洞书院学规》。白鹿洞书院在今江西省九江市境内,位于庐山五老峰南麓后屏山下,唐李渤读书其中,养一白鹿自娱,人称白鹿先生。因此地四山环合,俯视似洞,由此得名。南唐升元年间,白鹿洞正式辟为学馆,亦称"庐山国学",后扩为书院,与湖南的岳麓书院、河南的嵩阳书院和应天书院并称为"四大书院"。②敬敷:认真布施。③窒欲:亦作"窒欲",抑制欲望。④迁善,改过:指改正过失而向善。

与官学,如太学等以培养官吏为直接目的不同,书院强调教育的着眼点在培养教育学生做人。书院以儒家学说为教材,以"四书"、"五经"、诗赋、制艺为主要研习内容,要求学生通过研读"四书"、"五经",修身养性,完善自身,完善封建人格。朱熹为白鹿洞书院制定的学规中明确提出生徒实施"五教":父子之间有亲情,君臣之间有恩义,夫妇之间有差别,长幼之间有顺序,朋友之间有诚信。紧接着提出为学、修身、处事和接物的重要原则,不仅指出了书院教学的目的,而且也提出了为学的内容与方向。它所提倡的教育目标就是封建等级与家庭伦理密切结合的伦常之教,并且把世界观和政治要求、教育方向以及进行学习修养的途径都结合起来,形成了一套较为完整的教育理论,揭示了书院重人格陶冶胜于词章修养的办学理念,摆脱了当时科举制度的束缚,可以说是教育史上的一大进步。

　　道德品格教育是各级各类教育的前提和基础,任何一个国家的教育总是要把反映特定生产关系的政治信念、思想意识和道德规范内化为受教育者的政治信仰、思想意识和道德品质。当前我国大力提倡加强学生的思想政治教育工作,实际上就是针对现在众多青少年学生道德观念薄弱、行为举止未达到应有的标准所提出的。当前西方不良道德观念以及我国封建腐朽道德观念都在不断地侵蚀涉世未深的青少年学生。他们大多处在成年人的边缘,极易受到负面的诱惑,以此加强人格修养、道德教育就显得尤为紧迫。书院的人格修养教育,给了我们很好的启迪。诸如"五教"的积极成分,学习的先后顺序,言论忠诚信实、做事勤勉认真、惩戒忿愤、抑制情欲、见善则迁、有过则改的修身要领,伸张正义、彰明真理、不谋利益、不计功劳的处事原则,己所不欲、勿施于人的行为规范等,值得今日之教育参照和借鉴。

《临川先生文集·原教》——失本求文

【原文】

善教者浃①于民心,而耳目无闻焉,以道扰民②者也。不善教者施于民之耳目,而求浃于心,以道强民者也。扰之为言,犹山薮之扰毛羽,川泽之扰鳞介也,岂有制哉?自然然耳。强之为言,其犹圈毛羽、沼鳞介乎,一失其制,脱然逝矣。噫!古之所以为古,无异焉,由前而已矣;今之所以不为古,无异焉,由后而已矣。

或曰:"法令诰戒不足以为教乎?"曰:"法令诰戒,文也,吾云尔者,本也。失其本,求之文,吾不知其可也。"

——(宋)王安石《临川先生文集·原教》

【注释】

①浃:与"洽"通,"浃洽"常联用,犹言融洽无间,《汉书》《礼乐志》:"教化浃洽"。②扰民:此处指驯服百姓。语本《周礼·天官·太宰》:"以教官府,以扰万民。"

王安石教育改革中的一个鲜明特点是"因时制宜",从实际出发,突出一个"用"字。他在《上仁宗皇帝言事书》中尖锐地批评了当时教学内容之虚和教育的

教学之迂。教师只会"讲章说句","教之以课试文章"。学生"虽白首于庠序,穷日之力以师上之教,乃使之从政则茫然不知其方"。像这样培养"高分低能"者的教育,岂能成人之才!

因此,他提出了学以致用的原则。"苟不可以为天下国家之用,则不教也;苟可以为天下国家之用者,则无不在于学。"学而能致用的当然主要不是诗赋、贴经、墨义之类,而是礼、乐、刑、政和天文、地理、人事、政理等等。因此,他要求学生和文吏不只是训习句读,懂得文辞,最主要的是突破传统藩篱,学习实用之学。反对那种讲学章句与课试文章的封闭型教育。按照王安石这一观点,在熙宁、元丰兴学中,京师除改革太学外,还设立了许多专科学校,如律学、战学、医学等,以培养有用于"社稷之托,封疆之守",致力于"富国强兵"的各方面的人才。

用什么方法才能培养出学以致用的人才呢?王安石主张通过教与化两方面来完成。教,当然是"善教"——"善教者浃于民心,而耳目无闻焉,以道扰民者也"。教育宗旨隐藏其中,而"浃于民"。所谓"扰"是顺着,即因势利导;"强"是挟制,欲强人所难。"以道强民"的教育方法,自然收不到良好的陶冶效果。化,当然是潜移默化——施教者身体力行,受教育者却"耳目无闻",并不知道自己的修养、学问、技能是来自谁的熏陶。这当然是教育的理想境界。教育如果只止于空泛道理或法令告诫是达不到这一步的。因此他主张:不但"问其口",还要"传以心";不但"听以耳",还得"受以意",只有这样才能"为师者不烦,而学者有得也"。否则,"为师者有讲而无应,为弟子者则有读而无问",学生所学的知识只能是一知半解或片言只语而已,岂能谈上实际应用?那种死板沉闷的教育只能是误人子弟。

为了实现"浃于民心"、"以道扰民"的教育,王安石力主对教师要"严其选",要选拔、训练和培养德才兼备、品学双优,并且有实践经验、教学有方的官吏、学者担任教师。

王安石教化优先于刑罚,强调学用一致的教育观念,丰富了中国古代教育理论,也为我们今天的教育留下了参照。尤其是他的"不以荣辱是非易其下,不以安危利害辞其难",为实现一时救弊之法而挺身与苟且因循的陈旧教育斗争的勇气,为后世作出了榜样,赢得了历史的尊敬。

《礼记·学记》——教学为先

【原文】

玉不琢，不成器；人不学，不知道。是故古之王者，建国君①民，教学为先。《兑命》②曰："念终③始典于学。"其此之谓乎！

——《礼记·学记》

【注释】

①君：这里的意思是统治。②《兑命》：《古文尚书》中的篇名，也作《说命》。③念终：始终想着。

和氏璧的故事大家都知道，由那个故事我们可以知道，一块如"和氏璧"这样的上等美玉都需要雕琢、打造，才能显现出它的价值，所以人类也需要良好的教育，才能成为有用的人。进而言之，玉即使不加琢磨，它固有的美玉特性也不会改变。但人的本性会因为外界事物的影响而改变。因此，人们如果不学习，就可能会从品德高尚的君子变成品行恶劣的小人。

因此，古代的君王建立国家，治理民众，都把教育当作首要的事情。

教育的分量无论在古代还是当今社会都堪称重要。在古代，君王施教首先是要教化百姓，才能使国家长治久安。其次是要培养官吏，才能驾驭国家机器。当代教育同样要为国家培养栋梁之材。既然将"人不学，不知道"类比成"玉不琢，不成器"，那么就至少有两个问题需要理顺。

一是"玉匠"的"琢"艺。固然，"玉不琢，不成器"，但并非"琢"了就一定会"成器"，那还得看"琢"艺如何。"琢"艺不佳，同样会毁了一块好玉。从教育的角度来说，"琢"艺问题包括："玉匠"（小言之是教师，大言之是教育）的教育素质、教育目标、教育方法、教育过程及教育效果。比如：对学生诱导而不牵拉，劝勉而不强制；指导学习的门径，而不把答案直接告诉学生。劝勉而不强制，学生才能感到学习容易；启发而不包办，学生才会自己钻研思考；做到师生融洽，使学生感到学习容易，并有独立思考的空间。再比如，教师不要总是注重"教"在教育中的重要，更要看到"学"在教育中的作用，花一定的时间认真给自己充电加油，等等。

二是"玉"的耐"琢"力。可以想象，一块粗糙的璞石要雕琢成一件精美的玉器，其间该要经过多少斧凿锤钎！琢玉成器的过程告诉人们这样一个道理：忍受住雕琢方能成大器！孟子说得好："故天将降大任于斯人也，必先苦其心志，劳其筋骨，饿其体肤，空乏其身，行拂乱其所为，所以动心忍性，曾益其所不能。"能吃苦者才能成功，能耐磨者就会耐用，能忍受雕琢者方能成大器。精雕细琢能让玉器更光滑无瑕；教育的磨炼也能让生命大放光彩，古今中外大凡有成就者，无一不是吃过苦中之苦、经历过大雕大琢的。也许有的人天生根基很好，有的人则素来悟性较差，其实，这些表面现象并不是决定一个人一生命运的要素。真正决定命运的是一个人能否坦然接受命运的挑战和教育的雕琢。

《荀子·大略》——学非为仕

【原文】

君子进①则能益上之誉而损下之忧。不能而居之，诬②也；无能而厚受之，窃也③。学者非必为仕，而仕者必如学。

——《荀子·大略》

【注释】

①进：出来做官。②诬：欺骗。③窃也：无异于盗窃。

荀子在这段话里提到了三种人，"君子"、"学者"和"仕者"。古人讲"学而优则仕"，学者是很可能转化为仕者的，但是无论学者还是仕者，要达到君子的境界，并不容易。荀子认为，君子出来做官，应该让君王的声誉更好，同时也减少治下百姓的民生愁苦。如果做不到这点，还占据官位，那就是欺骗；没有做官的能力还享受丰厚的俸禄，无异于盗窃。读书人不一定都要做官，但为官者必须坚持学习以不负平生所学。因此，官员应该提高学习能力，为国家、百姓做实事，真正做到"不负所学"。

"学者非必为仕，而仕者必如学"，简单十二个字就把入仕为官和学习之间的关系阐述得清晰明了，可谓言简意赅。诚然，在当下的中国，当官并不是寒窗学子十年苦读后的唯一出路，但是一旦有志于进入仕途或成长为领导干部，持续学习就显得尤为重要，可谓活到老学到老。荀子的这段话更是强调了学习是为官者的基本素质和长期功课，不断学习是官员修齐治平的一种修炼方式，故成为历代为官者的箴言。作为"仕"，在抓好政治理论学习的同时，也应抓好经济、历史、文化、社会、科技、军事、外交等多方面知识的学习，更应该加强道德修养的学习。

21世纪的"教育"正在变为"学习"。经济全球化进程不断加快，知识经济迅速崛起，"终身教育"成为人们关注的新的焦点。我们应当由学历教育向终身教育过渡，要社会承认能力而不是承认学历。这是一个战略性的思路，需要全社会的认同和国家决策部门的引领。由于历史的原因，很多父母把孩子送进大学的首要目标是希望他们拿到文凭后得到一个干部身份，进入一个稳定的、有国家编制的单位（学而优则仕），而不是鼓励孩子认真学一种能够生存的本事。这是我们教育缺失的地方，也是严重的社会误导。如果高校扩招，学生越来越多，而教育理念不变，十年之后将产生重大的社会问题。明朝后期的50万"生员"也就是人们通常所说的"秀才"，坐等"国家分配"，成为社会的巨大负担，被顾炎武称为当时的"五蠹"之一。鉴于此，一些有头脑的家族在他们的家训中要求：全家族的俊秀子弟，必须从事"举业"，就是必须去参加科举考试，用我们的话来说，就是必须参加高考。但与此同时还必须学一门"手艺"，而且这门本事要学到"方圆百里第一"。因为绝大部分人是不可能做官的，但你必须谋生。我们的教育不仅应该教学生谋生手段，而且要灌输劳动的理念，打破"读完书再就业"的理念，树立终身学习的理念。

中国教育由学历教育过渡到能力教育，需要一个社会匹配的过程，即社会承认能力而不仅仅是承认学历。学历代表学习的过程，固然重要，但是能力更重要。那么，我们的教育在等待社会匹配的过程中，能做些什么？

《尚书引义·说命中》——行先知后

【原文】

　　行可兼知①，而知不可兼行。下学而上达，岂达焉而始学乎？君子之学，未尝离行以为知也必矣。

——（清）王夫之《尚书引义·说命中》

【注释】

　　①"行可兼知"句：意思是说实践可以兼获理论知识，而理论知识却不可以代替实践。

　　王夫之在"知行关系"问题上，既不同意朱熹"知先行后"之说，也不同意王守仁的"知行合一"之说。他主张行先知后，知行并进，互相为用。他认为在人们的认识中知和行各有其功效，又必须相互为用，因此，只有知行并进，才能"知同而起功"。在知行二者中，王夫之更注重"行"，认为不能离行以为知，要在行上取得知识，要在行上检验知识。

　　王夫之"行先知后"、"行可兼知，知不可兼行"的主张，是教育上的一条重要原则，正确地反映了教育过程的一般规律。根据这一观点，他强调指出，获取知识必须以实践为基础，只有通过实践才能获得真知；而求知识要落到行上，要从行上检验知识的效果功用。他曾以下棋为例，说明下棋知识，必须通过对弈才能获得，只是终日看棋谱，是不成的。

重视实践并不是说不重视"知"的重要性，知同样也是相当重要的，是行的重要保障条件，因此"君子之知，以审行也"。

当代教育在校风建设中提倡"尚知尚行"，坚持知行并重，正是对中国传统唯物主义知行观的弘扬，为教育指明了一个正确的方向，即坚持将理论学习与实践结合起来。

教育是"尚知"的，也就是必须要有良好的理论学习风气，通过加强理论学习，提升教师的理论水平。在人类社会的生产实践越来越依赖于复杂劳动的今天，没有扎实的理论功底，我们的实践就会受到制约。生活中常常有人慨叹"书到用时方恨少"，"书"是理论知识，"用"是实践，"书到用时方恨少"说的就是理论知识对实践的制约作用。因为缺乏足够的理论准备，人在实践的过程中就必然为理论所制约，就不能达成实践的目的。只有当我们具有了相对完备的知识体系，我们才能够在实践中游刃有余。

教育更是"尚行"的。"书到用时方恨少"说明了"尚知"的重要性，但同时也从一个侧面说明了"尚行"的重要性，若没有"用"的过程，我们往往是难以知道自己的"书"是少的，更不知道自己的"书"少到什么程度。知识的多寡是不能完全用理论来判断的，必须到实践中去检验，纵然是满腹经纶，若不与实践相结合，也是毫无价值的。同时，若这满腹经纶不能以实践为尺度，没有到实践中去修正，这满腹经纶就往往不是有益而是有害了。纸上谈兵的赵括若能够从"纸"上走出来，以实践为尺度，就不会有长平之败，也不会沦为后人的笑柄。

当代教育在校风建设中"知行"并重，是对中国传统治学经验的一种历史继承，也是对马克思主义理论与实践相结合这一基本学习方法的坚持，只要我们坚持"知行相资以为用"，坚持学以致用，我们的教育所培养的人才就必将是中国社会主义现代化建设的栋梁之才。

《四存篇①》——政事之本

【原文】

人才为政事之本,而学校尤为人才之本也。

——(清)颜元《四存篇》

【注释】

①《四存篇》:《四存篇》为清代颜李学派代表作,共17卷,分《存性编》《存学编》《存人编》《存治编》四编,颜元著。

学术争鸣、文化批判是推动科学进步发展的重要途径,也是社会创新衍进的重要标志。清代的实学派人物、著名教育家颜元,即是崇尚批判性研究的代表人物之一。他毕生研习儒家经典,但对儒学前贤的一些观点敢于批判地吸收,敢于在挑战中开拓新意。他认为几百年以至两千年来,教育已经步入了"文墨世界",汉儒讲训诂,晋人尚清谈,隋唐流佛老,宋儒谈理学,"足以惑世诬民"。颜元对传统教育的批评,可谓单刀直入,鲜明深刻,指摘它们毁坏人才、灭绝圣学和败坏社会风气。

颜元一方面鞭挞传统教育的弊病,另一方面又构建自己的教育思想体系。他十分重视教育的作用,强调教育要着力于培养治政、治理、治乱的高素质人才。他把

"兴学校"作为三大政纲之一，并认为"学校尤为人才之本也"，这是很有高度的教育观。学子的道德品质、道德水准如何，委实关乎政府官员的官德官品，因为官员大多来自读书之人。这种教育思维开阔而高远，值得研究和借鉴。

为了实现自己"学校人才之本"的教育理念，颜元创立了系统的实学教育。

一是"实效"的教育作用。他并不认同宋代理学家把人性分为理义之性和气质之性的"两极论"。他说，教育的作用在于预防和剔除人性的"引蔽习染"。他以清洗衣物作比喻：衣物的质地不是不好，只是因为附着的污垢使之引蔽习染，才令人产生恶感。但只要用心漂洗之后，衣物依然可以恢复清丽的样子。他认为，教育的作用与功能跟洗衣物的道理是一样的，通过良好的教育完全可以去掉学生不良的习性，进而塑造美好的人生。他倡导的教育"习善"的意义和功能，是符合学校德育之规律的。强调教育可以改变人的习惯、消除人的"习染"的观点，对于当前如何做好"后进生"、"差生"的教育工作，具有一定的启悟意义。

二是"实学"的教育内容。颜元从宋弱、明亡的历史教训中深切感到宋明理学空谈心性义理的危害，主张教育要"以经世为宗"，培养"实德实才之士"。在教育内容上，除了提倡以"六艺"为中心的"三事"、"六府"、"三物"教育，还把参加劳动也视为教育的一项重要活动，认为劳动不仅可以掌握有用的技能，还可以"练智"、"达才"、"治心"。他关于劳动对人的发展的积极作用的论述，在古代是十分可贵的。

三是"实行"的教学方法。和传统的"主静"与"闭门读书"的教育方法相对立，颜元强调在教学中，必须注重"习行"，认为"格物"就是亲自去接触事物，亲手"实做其事"，从而获得知识。可见，他强调感性经验，并十分清楚地阐明了认识对实践的依赖性。

颜元是明清实学派的重量级人物。作为早期启蒙思想的杰出代表，他的教育思想对中国近代教育的发展起了革新的作用。在中国教育史上，颜元具有重要地位，他的教育观对当前我国正在不断深入的教育改革，有着一定的参照和启发价值。

《礼记·学记》——凡学之道

【原文】

凡学之道,严师为难。师严①然后道尊,道尊然后民知敬学。是故君之所不臣于其臣②者二:当其为尸③,则弗臣也;当其为师,则弗臣也。大学之礼,虽诏于天子无北面,所以尊师也。

——《礼记·学记》

【注释】

① 严:尊敬。② 不臣于其臣:不用对待臣下的礼节来对待其臣。③ 尸:古代祭祀时,代替已故先人接受祭祀的人。

所谓师道尊严者,教师之尊严也;教师,传道授业解惑者也。"尊师重教",大办教育,是中国成为世界强国的根本保证。中国自古就是礼仪之邦,两千多年来,子贡为孔子守丧、杨时"程门立雪"等尊师典故一直广为流传。老师应当得到学生、家长以及全社会的尊重,可现实情况并不理想。今日中国"师道尊严"沉沦的原因:

其一,传统社会向现代社会的蜕变,使"道尊"传统黯然不彰。传统教育意味着学做人和学知识合二为一,师生关系亲密,学生对教师的感恩之情发自内心。现在教育重点在于传授知识和技艺，师生之间缺乏共同语言，更缺乏情感沟通，很难秉承"师道尊严"传统。

其二，知识传播渠道的增多。以前传道唯教师，解惑唯教师。如今，学生可以选择多种学习方式，或轻揿开关，或轻点鼠标，就可以学到许多书本上没有的知识。

其三，社会整体知识水平的提高，影响学生对教师的崇拜心理。

其四，教师自身不过硬。一是知识不过硬，不少教师缺乏终身教育意识，不买书，不读书，知识陈旧，观念落后。而现在的学生好奇心盛，求知欲强，已经不再满足"一杯水"。二是素质不过硬，部分教师品行不端、学术腐败、不安心本职工作，这无疑是侵蚀"师道尊严"的公害和毒瘤。试想，当"范跑跑"在地震中置学生于不顾自己逃生时，当一些大学教授削尖脑袋争当处长、一些教师弄虚作假骗取职称、沽名钓誉剽窃论文时，他们既无法赢得学生尊重，更会遭到整个社会的批评甚至是唾弃。教师没有"自尊"，又何来"尊严"？

"师道"蜕变若此，这是教育之痛。没有"师道"的尊严，哪来教育的成功？尊师重道传统的弱化，颠覆了教育质量的基础。教育水平以及尊师重道风俗是衡量一个国家文明程度的重要指标之一。可以说，没有"师道尊严"的民族是没有未来和希望的民族。长此以往，中国教育不仅会失去传统，还会失去未来。重塑师道尊严已成为今日教育的当务之急。

一是"道尊"，教师要有自己的"绝活"：一手漂亮的字、声情并茂的朗读、悦耳的歌声、高超的写作技艺、渊博的知识、幽默的谈吐……

二是"互尊"，教师要有一腔真爱：爱教师职业，爱教育事业，爱学生。这是教师职业道德的精髓所在，一个老师如果不爱学生，那他的技艺再高、知识再丰富，也不可能赢得学生的尊重，更不可能在教育上取得成功。

三是"自尊"，教师要有良好的教师形象：一言一行，一举一动。

师道尊严重塑之日，当是中国教育腾飞之时。

《中论·治学》——黄钟之声

【原文】

夫听黄钟①之声,然后知击缶之细;视衮龙②之文,然后知被褐之陋;涉庠序之教,然后知不学之困。故学者如登山焉,动而益高;如寤寐焉,久而愈足。顾所由来③,则杳然其远,以其难而懈之,误且非矣。

——(汉)徐幹《中论·治学》

【注释】

①黄钟:古之打击乐器,多为庙堂所用。②衮龙:帝王及上公礼服。③由来:自始以来,从发生到目前。

听了庙堂里黄钟的声音,然后才知道敲击瓦器声音之细小;看了皇帝穿的朝服上的纹饰,然后才知道粗布短袄的丑劣;经过了学校的教育,然后才知道不学习的困惑——《中论·治学》的作者不愧是行文高手,通过这样层层铺垫之后,顺势推出重量级的"黄钟之声"。学如登山,越攀越高;登斯顶也,看红日喷薄,看群峰耸立,看天宇辽阔,看云海舒卷;回头再看看自己原来没有学习时的样子,会发现学习后的自己与原来的自己距离是何等的遥远;既然如此,如果因为学习(登山)困难而放弃学习(登山),那就错到极点了。

第一章 中国经典之教育观

学如登山，诚哉斯言。山路崎岖，山崖险陡，荆棘丛生，雾岚迷茫——与书山重重、题海漫漫、难点飘忽、考场迷糊何其相似尔！这就令人想起那个故事：有三个人去登山，第一个人登了几步就说："我还是知难而退吧。"第二个人只登到一半就说："我还是适可而止吧。"第三个人则知难而进，几次跌倒，毫不气馁，历尽千辛万苦，最后终于登上山顶。后来他们在一起聊起这次登山的经历，前两个人都庆幸自己的决定是明智的，免受了许多磨难。第三个人只说了一句发人深省的话："不过，顶峰上的无限风光你们就无缘看到了。"

"登山"与教育，其实都是一道考量人生态度的试题。有的人确定了目标就会不畏艰险，勇往直前。最终领略到顶峰的无限风光，享受到成功的快乐；有的人则知难而退，"适可而止"，或曰不战而败，过早放弃，提前投降。两种态度体现着两种不同分量的人生价值。

登山绝不只是一种简单的运动，它要求参与者有鹰一样的眼睛，豹一样的身体，山一样的视野，海一样的胸怀，永不放弃的执著和永不言弃的精神。教育也不只是一种简单的登山，它要求参与者有远大的目标，不灭的激情，敢拼的胆识，善搏的智慧。教育的"山"连绵不断，应终身教育，终生登攀。

登山也好，为学也罢，循径而上，脱颖而出，则是在创造属于自己的辉煌。然而山径艰险，学海风紧，并不是每个人都能吹响成功的凯旋曲，都会有"见证奇迹的时刻"。但只要我们努力过，就不会有后悔与遗憾。因为精彩和价值就蕴涵在努力的过程中。

还是那句话说得好："世上无难事，只要肯登攀。"登山如此，教育亦如此。人生的车站不售返程车票。也许我们的脚印歪歪扭扭，也许我们的身上伤痕累累，但我们的信念如钢似铁，对理想的追求百折不挠，"踏平坎坷成大道"，学如登山听黄钟。

《道德经》——合抱之木

【原文】

合抱①之木,生于毫末②;九层之台,起于累土③;千里之行,始于足下。

——《道德经》

【注释】

①合抱:两臂围拢那么粗。形容树木粗大。②毫末:极细微。指刚刚萌芽的小树。③累土:一筐一筐土累积起来。

老子说的是个哲理:正像苍天的大树总是始于一种一根一样,巨大的建筑总是始于一石一木一样,成功与辉煌的一生往往始于开始的一步。

一步虽小,却可以改变人的一生;一生虽大,却必须有最开始的一步。而这最开始的一步,就是基础,就是关键。

回首中华历史五千余载,从关键一步走向成功的人很多:孔子重复弹奏《文王操》数十天,后来在教育事业上大有作为;齐白石磨石成泥,后来篆刻艺术达到了炉火纯青的地步;梅兰芳苦练技艺,后来成为杰出的京剧表演艺术家——这些伟人成功的秘诀,就在于他们最开始的勤奋与持之以恒。成功与辉煌的一生往往始于最开始的一步。

也许名人机遇指数超高，而平平凡凡的我们则可以注重简简单单的细节，扎扎实实的基本功，迈出自己那关键的一步。比如，通过教育改变自己的性格，从而改变自己的命运。走向成功的关键一步就是从改变自己的性格开始。

每个人的命运都不是注定的，性格也不是天生的。良好的性格是可以通过后天教育，经过不断的锤炼与打磨而逐步形成的。

自然状态下的铁矿石几乎毫无用处，但是，如果把它放入熔炉铸造，就可以制成优良的器具。性格也一样。不良性格也可以放入"熔炉"铸造，实现性格优化的转变，帮助自己获得成功。这个"熔炉"就是教育。使用同一种材料，可以建成宫殿，也可以筑成茅舍；可以建成仓库，也可以建成别墅。同样是红砖和水泥，建筑师可以把它们建造成不同的东西。人的良好性格也可以自我建造，而建筑师就是教育。

常说"江山易改，禀性难移"。其实，江山易改，禀性也能移。教育可以帮助你从两个方面着手：一手是充分发挥正能量。人的性格中相反的两极总是在互相抗争。积极因素如果战胜了消极因素，这个人便表现为良好的性格；反之，就会表现为低劣的性格。因此每个人应最大限度地张扬自己性格中的优点，使性格中积极的一面处于上风，从而使生活呈现无限的亮色。另一手是努力减少性格中的负面因素。有一幅名画题为《七种不应有的恶习》，画面上有7只魔鬼般的动物，张牙舞爪地扑向一个人。这7只动物分别代表懒惰、妒忌、谗言、骄傲、酗酒、发怒、吝啬7种恶习。其实，人类的恶习远不止这些，常见的还有愚昧、粗心、粗鲁、懈怠、轻佻、胆怯等。舍弃或弥补性格中的缺憾，审视自己，诊治缺憾，才会拥有良好的性格。不经过一番努力，良好的性格也不会自发地形成。伟人也好，庸人也罢，任何人的优良性格都是在后天教育过程中不断进行自我修养的结果。

成功不是某些人的专利。只要你有"生于毫末"的起步，坚忍不拔，持之以恒，你就会有"合抱之木"的成功。

[1] 南怀瑾. 论语别裁（上、下）[M]. 上海：复旦大学出版社，2007.

[2] 黎洪模. 孔子——春秋后期的进步思想家 [J]. 齐齐哈尔师范学院学报（哲学社会科学版），1980（02）.

[3] 郭智勇. 孔子"有教无类"教育思想的现代解读 [J]. 现代教育论丛，2004（02）.

[4] 徐儒宗. 大中之道：《大学》《中庸》浅释 [M]. 杭州：杭州出版社，2011.

[5] 郭庆祥.《大学》人生大学问 [M]. 北京：东方出版社，2012.

[6] 贾艳红.《大学》主旨及对后世的影响 [J]. 山东师范大学学报（人文社会科学版），2002（05）.

[7] 于文斌.《大学》的教育思想 [J]. 教育文汇，2012（01）.

[8] 郭志坤. 荀学论稿 [M]. 上海：上海三联书店，1991.

[9] 杨柳桥. 荀子诂译 [M]. 济南：齐鲁书社，2009.

[10] 荀子著，刘建生编译. 荀子精解 [M]. 深圳：海潮出版社 2012.

[11] 徐建平，陈钟石. 胡瑗：北宋大儒一代宗师 [M]. 苏州：苏州大学出版社，2012.

[12] 金林祥. 胡瑗教育思想研究 [J]. 南通师范学院学报（哲学社会科学版），2000（02）.

[13] 时鹏寿."天下豪杰魁"：胡瑗 [J]. 江苏教育研究，2011（04）.

[14] 苏舆撰. 春秋繁露义证 [M]. 北京：中华书局，1992.

[15] 范正娥. 论两汉太学与郡国学、私学之关系 [J]. 科教文汇，2007（08）.

[16] 庞桥."化民成性"与"节民以礼"：兼论董仲舒的师德思想 [J]. 衡水学院学报，2012（02）.

[17] 荀子著，高长山译注. 荀子译注 [M]. 哈尔滨：黑龙江人民出版社，2003.

[18] 闻荐. 国将兴 必贵师 [J]. 教师博览，1994（12）.

[19] 刘宏毅."三字经"讲记 [M]. 海口：海南出版社，2007.

[20] 张伦贤. 试析《三字经》的教育思想 [J]. 基础教育参考，2011（08）.

[21] 尹协理. 宋明理学 [M]. 昆明：漓江出版社，2014.

[22] 何晓萍. 浅谈朱熹的道德教育思想 [J]. 北方论丛，1997（01）.

[23] 王力. 古代汉语 [M]. 北京：中华书局，1997.

[24] 赵炎秋. 道德与人伦 [J]. 伦理学研究，2007（05）.

[25] 江韦，陈成. 关于儒家人伦教育的看法 [J]. 职业，2011（08）.

[26] 陈晓星，吴亚明. 两岸探讨：当今怎么讲孔子的事 [D]. 北京：人民日报海外版，2014.08.11.

[27] 陈元辉编著. 中国古代的书院制度 [M]. 上海：上海教育出版社，1981.

[28] 朱杰人，严文儒主编.《朱子全书》与朱子学 [M]. 上海：华东师范大学出版社，2005.

[29] 徐一青. 博学之，审问之，慎思之，明辨之，笃行之——关于提高历史复习课效率的几点思考 [J]. 现代阅读（教育版），2012（20）.

[30] 朱熹. 四书章句集注 [M]. 北京：中华书局，1983.

[31] 高时良. 学记研究 [M]. 北京：人民教育出版社，2006.

[32] 房文斋. 郑板桥 [M]. 贵州：贵州人民出版社，2012.

[33] 问石. 读书的多少和知识的多少 [J]. 读书杂志，1980（05）.

[34] 梅小红. 郑板桥读书四法 [J]. 课外语文（初中），2004（07）.

[35] 朱熹. 朱子全书 [M]. 上海：上海古籍出版社，2002.

[36] 钱穆. 朱子学提纲 [M]. 北京：生活·读书·新知三联书店，2002.

[37] 张传健. 中国传统学习理论研究引论 [J]. 西南师范大学学报，1994（03）.

[38] 李中生. 礼记精萃 [M]. 广州：花城出版社，2008.

[39] 张道明. 勿让仪式教育成"鸡肋" [J]. 基础教育论坛，2012（24）.

[40] 柳宗元著，吴文治等点校. 柳宗元集（全四册）[M]. 北京：中华书局，1979.

[41] 李艳红. "顺木之天，以致其性"——《中国语文教育忧思录》一书之思考 [J]. 焦作工学院学报（社会科学版），2001（02）.

[42] 李光明. 顺木之天，以致其性 [J]. 教师博览，2008（12）.

[43] 陈鼓应. 庄子今注今译 [M]. 北京：中华书局，1983.

[44] 张涅. 庄子解读：流变开放的思想形式 [M]. 济南：齐鲁书社, 2003.

[45] 徐克谦. 论作为道路与方法的庄子之"道" [J]. 中国哲学史, 2000（04）.

[46] 王英娜. 庄子"道"之行初探 [J]. 沈阳大学学报, 2009（04）.

[47] 王兴业编. 孟子研究论文集 [M]. 济南：山东大学出版社, 1984.

[48] 王静. 怎样判断《孟子·尽心上》的教育二字 [J]. 江西教育科研, 1996（04）.

[49] 廖惠芳. 亚圣的"仁政"与"善教"：解读《孟子》[J]. 高校教育管理, 2008（05）.

[50] 孟宪承. 中国古代教育文选 [M]. 北京：人民教育出版社, 1979.

[51] 关世辉. 古人"兴趣教育"观. [J]. 四川教育, 1992（06）.

[52] 王炳照, 阎国华主编. 中国教育思想通史 [M]. 长沙：湖南教育出版社, 1994.

[53] 陈敬朴. 基础教育矛盾与对策 [M]. 南京：江苏教育出版社, 1996.

[54] 谢铁华. 陆九渊"学为人"教育思想研究 [J]. 河南社会科学, 2004（06）.

[55] 张伟. 陆九渊教育思想简论 [J]. 宁波大学学报（教育科学版）, 2001（06）.

[56] 侯外庐, 邱汉生, 张恺之. 宋明理学史 [M]. 北京：人民出版社, 1987.

[57] 蔡厚淳. 白鹿洞书院与朱子学规 [J]. 图书馆杂志, 2009（07）.

[58] 王雅克. 从《白鹿洞书院揭示》看朱熹的教育理念 [J]. 保定学院学报, 2011（01）.

[59] 罗传奇, 吴云生. 王安石教育思想研究 [M]. 南昌：江西教育出版社, 1993.

[60] 孟宪承. 中国古代教育文选 [M]. 上海：华东师大出版社, 2010.

[61] 张道祥. 王安石的教育改革及现代启示 [J]. 乐山师范学院学报, 2002（02）.

[62] 孙孔懿. 论教育家 [M]. 北京：人民教育出版社, 2006.

[63] 欧阳铣. 《学记》中的教育心理学思想 [J]. 湖南教育, 1981（08）.

[64] 郝晓丽. 论《礼记·学记》中的教育理论 [J]. 青春岁月, 2012（13）.

[65] 刘庭尧主编. 后圣荀子 [M]. 济南：济南出版社, 2006.

[66] 崔文良. 成思危：仕者必如学 [J]. 教师博览, 2004（04）.

[67] 乔华. 仕而优则学 [J]. 人才, 2008（03）.

[68] 李民, 王健. 尚书译注 [M]. 上海：上海古籍出版社, 2012.

[69] 范小西. 略论王夫之的知行观 [J]. 郑州轻工业学院学报, 1991（02）.

[70] 王曙东. 中国哲学史上知行观的历史发展 [J]. 安庆师范学院学报（社会科学

版），1994（04）.

[71] 朱义禄. 颜元、李塨评传（中国思想家评传丛书）[M]. 南京：南京大学出版社，2006.

[72] 陈增辉. 颜元教育思想述评 [J]. 孔子研究，1988（01）.

[73] 黄明喜. 颜元对宋明理学教育哲学的突破 [J]. 河北师范大学学报（教育科学版），2004（06）.

[74] 陈桂生. 师道实话（大夏书系）[M]. 上海：华东师范大学出版社，2009.

[75] 刘铁芳. 教育者的形象与师道尊严 [J]. 教育科学研究，2002（03）.

[76] 汪孝凤. 浅谈"师道尊严" [J]. 教育教学论坛，2010（12）.

[77] 冯克诚. 魏晋南北朝时期的教育学说与论著选读 [M]. 北京：人民武警出版社，2010.

[78] 王晓丽. 徐干的教育思想 [J]. 辽宁教育行政学院学报，2009（09）.

[79] 梁满仓. 徐干及其《中论》[J]. 湖北文理学院学报，2014（06）.

[80] 董恩林. 唐代《老子》诠释文献研究 [M]. 济南：齐鲁书社，2003.

[81] 刘永成.《道德经》与大学生人生观教育 [J]. 思想教育研究，2005（11）.

第二章 中国经典之教学观

《论语·述而》——不愤不启

【原文】

子曰:"不愤①不启,不悱②不发。举③一隅④不以⑤三隅反⑥,则不复⑦也。"

——《论语·述而》

【注释】

①愤:憋闷,郁积,这里是对事理想不通的意思。②悱:口欲言而未能的样子。③举:举出,指明。④隅:方角。物之方者,皆有四隅,故举一隅,则可知另外三隅。⑤以:介词,用。⑥反:类推。⑦复:重复,再。

启发式教学是孔子的教育思想的精彩内容之一。他反对"一言堂"、"填鸭式"和"满堂灌"的做法,主张先让学生积极思考,再进行适时启发,不到学生冥思苦想而有所体会的程度,教师不要去开导他;不到他心里明白却不能完善表达出来的程度,不要去启发他;如果他不能举一反三,就不要再反复地给他举例了。孔子的这一教育思想对我们今天的教学仍有很大指导意义。

实践证明,有效教学的关键在于怎样启发学生自己去思考和琢磨,在学生充分进行独立思考的基础上,再对他们进行启发、开导,这才是符合教学规律的。

在实际教学中，教师也经常苦恼于学生独立思考能力不强。其实，因为教学进度紧、时间安排少、教学流程密等等原因，教师往往等不及学生"愤"就"启"了，等不及学生"悱"就"发"了。学生获得答案时只有"灌"与"填"的木然，没有"启"与"发"的灵动。老师对学生找标准答案的期待，淹没了对学生举一反三等待的耐心。学生则养成了等老师喂食的习惯。显然，这与教育的原则是背道而驰的。

学生的"愤"与"悱"是一种教学中的最佳心理状态。只有在这种状态下，教师的启发和诱导才会卓有成效，学生的学习积极性和主动性才能得到发挥。

聪明的教师会在课前做足"功课"，了解学生，理解学生，对教学策略、方法、时机进行科学选择，努力寻找、培养、创造和把握学生"愤"、"悱"的兴奋点。

一是强化正确的学习动机。采取合理的方式，进行针对性的教育，激发学生的求知欲。

二是培养和激发学生的学习兴趣。学生只有对某一知识具有浓厚兴趣，才会有强烈的求知欲，才会不遗余力地去追求，去探索，达到"愤悱"的境界。

三是讲究课堂教学策略和方法。比如运用具有启发意义的语言材料，创造良好的问题情境，通过合理的思维强度引发学生的学思结合，引导学生超前学习教材内容，在教学过程中交错使用谈、议、讲、练、问、答、评等多种教学方式，充分调动学生作为学习主体的认识作用。坚持课堂教学的民主，把求同思维和求异思维结合起来，不要轻易否定学生的观点和结论，及时并恰当地进行教学评价，开展学习竞赛，从而达到"愤悱"的境界。

《孟子·告子下》——不屑之教

【原文】

孟子曰:"教亦多术①矣,予不屑之教②诲也者,是亦教诲之而已矣。"

——《孟子·告子下》

【注释】

① 多术:多种多样的方法。② 不屑之教:不屑于教诲或不想教诲。

教育有多种多样的方法,应根据教育对象、教育内容、教育场景等的变化,采取不同的方法,提高教育的实效性,这是不言而喻的。高人多有奇招。孟子在这里着重讲述了一种奇异的方法:不屑于教诲或不想教诲他。这种做法看似不好,其实,让学生羞愧自惭而愤发,本身就是对他的教诲。不屑于教也是一种教育的方法。

这种"不屑于教"的教育方法,可谓创意十足。乍一看,似乎令人费解,甚至于怀疑教师的爱生之心、敬业之情:对学生怎么可以不屑于教呢?我们常说"艺高人胆大",高超的教师就有诡谲之招,且每每收到意想不到的效果。奇招异术自然不是常用之招,而是有的放矢、因人而异去运用的变幻之术,奇诡之中尽显新颖跳脱的超人思维和教育创新。看来,儒家先贤教学时很是注意对教育心理学原理的运用，虽然他们当时概括的并不一定是这些心理学原理的学术语言。

稍加考查，"不屑之教"并不是孟子的首创，而是孟子对其先师孔子的教育实践经验的概括与提炼。《论语·阳货》与《论语·公冶长》就记录了孔子对宰予和孺悲的"不屑之教"。以仁爱、宽恕待人而名垂青史的孔夫子怎么可能如此冷漠弃舍？实际上，这里的不责备才是最严厉的责备，是以反向刺激的方法来激发对方的自尊心，激励其愧而奋发的勇气，使其知耻而后勇。想来宰予是羞愧而奋发向上了的，后来还做了齐国的临淄大夫。

教育、教育过程，本身就有一定的社会行为规范。孟子认为，给予教诲，是一种行为方式；不给予教诲，也是一种行为方式，关键是要看具体情况。后天的教育虽然重要，但并不是唯一的方法。在特定的情况下，针对特殊的教育对象，不给予教育，就是最佳教育方式。

"不屑之教"的例子说明，再新颖再别致甚至有些怪诞的教育方法，只要运用得当，在不同的教育对象身上同样可以收到意想不到的效果。

教育方法是一道"无解"的方程式，所谓"教学有法，教无定法"。在教育过程之中，切不可抱残守缺，思想僵化，而是要机动灵活，善于创新，因人而异，因时而动，在变化中追求教育效益的最大化。"不屑于教"是个案，是一种无常的教育方法，并非引导大家都这样做，而只是提供了教育创新的一种模式与思路：教育方法是在教育实践过程中创造与生成的。我们作为教育的实践者，一是要创新教育观念，与时俱进地摈弃陈旧的教育模式和程式化的教育思维，拓宽视野，主动适应日新月异的新形势、新变化。二是要善于创生新的教育方法，不可一味地坚持"以不变应万变"，而是要灵活调整和变化，用最简便最管用的方法去提升教育的效果。三是要注重总结与升华，把平时教育中的一些新尝试与很成功的经验"复制"下来，并随时注入理性元素，使之成为有血肉、有灵性的科研思想与科学方法。四是要在追求达成教育目标和提高教育质量的前提下，探索教育方法的"多极化"，切不可无视教育对象、教育功能的"为新而新"，哗众取宠，成为世人所"不屑"的"闹剧"。

《论语·先进》——因材施教

【原文】

子路问:"闻斯行诸①?"子曰:"有父兄在,如之何其闻斯行之?"冉有问:"闻斯行诸?"子曰:"闻斯行之!"

公西华曰:"由也问'闻斯行诸?'子曰:'有父兄在。'求也问'闻斯行诸?'子曰:'闻斯行之!'赤也惑,敢问。"子曰:"求也退,故进之;由也兼人②,故退之。"

——《论语·先进》

【注释】

① 诸:"之乎"二字的合音。② 兼人:好勇过人。

这是一个很有意思的故事:几个学生问孔子同一个问题,孔子给出的并不是一个"标准答案",而是采取"因材之高下与其所失"来有差异地答复。这就是著名的教育方法之一:因材施教——一种根据学生的不同认知水平、学习能力以及个性特点而选择的适合不同学生的重要而典型的教育方法。

美国著名发展心理学家霍华德·加德纳在20世纪80年代提出"多元智能理论",倡导要选择最适合学习对象的方法进行教育。其实,孔子的"因材施教"理论，要比加德纳的理论早2000多年，至今还闪耀着经典教育观的思想光芒。孔子的教育智慧与价值，突出体现在以人为本、因人而异。他不仅对学生了如指掌，而且对学生的家庭背景也了然于心。所以才有底气区别对待，使他们各得其所，更改各自的心理与行为的偏差，进而完善他们各自的人格品德。"因材施教"既要有丰富的知识储备，也要有灵活的教育思维，更要有爱生如子的责任与使命。因材施教的原则在不同的学习场合之中，不同类型、不同能力水平学生的学习表现是极为复杂的，需要教师凭着自己的经验和智慧灵活地设计因材施教的方法。因材施教策略的设计和施行，应遵循以下四项原则。

留意观察原则。教师要留意观察分析学生学习的特点。学生在出现问题时的表现是尤其值得分析的，从中有可能发现他们独特的认知特征和动机倾向。学生学习中明显的顺利也是值得关注分析的，从中可以发现学生擅长解决什么样的问题和学习的动力所在，分析学生在什么状况下特别顺利，在思维和理解方面具有什么特点，等等。

区别对待原则。教师要作具体分析，区别对待学习成绩差的学生。有的学生因为思维水平较低，有的学生因为学习风格的限制，有的学生因为学习动机的障碍，导致了学习成绩差。必须从动机的激发维持和学习方法的指导等多方面入手，采取不同的措施使学生在自信的状态下学习。

风格匹配原则。教师要有针对性地提供与风格相配的教学方式。有研究表明，当教师的教学风格与学生的学习风格相匹配时，有利于提高学生学习成绩。个体的学习风格是一种习惯，后天的经验和训练起着很大的作用。要注意的是，先确定方式的教学不会像匹配性教学那样容易展开，必须细致渐进，并且随时注意根据学生的反馈及时调节。

转化策略原则。教师要引导学生认识自己的学习风格特点，促使学生把学习风格转化为学习策略。学习策略是灵活的、有计划的、根据具体的学习任务的性质而随机应变的。只有在教师有意识的点拨培养下，学生才有可能充分了解自己，主动地扬长避短。当学生具备了学习策略的意识，而且认识到自己的习惯性学习方式及其利弊时，就会主动地进行调节。

《孟子·尽心上》——所教者五

【原文】

孟子曰:"君子之所以教者五:有如时雨化之者,有成德者,有达财①者,有答问者,有私淑艾②者。此五者,君子之所以教也。"

——《孟子·尽心上》

【注释】

①财:通"才"。②私淑艾:淑通"叔",拾取。艾,通"刈",取。"私淑艾"意为私下拾取,指不是直接作为学生,而是自己仰慕而私下自学的。这也就是所谓"私淑弟子"的意思。

孟子曾说过:"教亦多术矣。"(《告子下》)但他在那时并没有说"多术"到底体现在哪些方面,只是重点说了一种特殊的教育方式——"不屑之教"。这里,他又列出了五种不同的教育方式,用这五种方式在不同的学生身上运用。

第一种:时雨式。针对学生某方面的问题,教师可以因时、因地、因事而随机指点,帮助他转化提升,所谓"好雨知时节,当春乃发生。随风潜入夜,润物细无声"者也。孔子对颜渊、曾子就是"如时雨化之者"。

第二种:成德式。教师教学生要修养品德。孔子教学生分四科,第一科就是德行科。因为德行才是一个人生命的目标，是真正的光明大道。孔子对冉伯牛、闵子骞就是"成德者"。

第三种：达财式。教育的重要目的是要培养才干，使其用之于社会，造福于百姓，这是历代读书人的共同理想。孔子对子路、子贡就是"达财者"。

第四种：答问式。学生在学习过程中会有很多疑惑，教师可以针对学生的疑惑把问题说清楚。而孔子、孟子分别对樊迟、万章就是"答问者"。

第五种：闻道式。"有私淑艾者"，就是对于没能进门的，如孟子之于孔子，就因为晚了一百年而未能入孔子之门。这样的情况则需要授受双方互动：受者能善于拾取君子的善言善行充实自己，授者则靠品德和学问的魅力使别人自行学习。这一"私淑艾者"的方式，朱熹举的例子是孔子、孟子分别对陈亢、夷之。其实，对孟子来说，孔子这个老师就是留下品德、学问让孟子自己去学的。而孟子把书写出来，留下他的品德和学问，后代的人也可以跟孟子学。这是一种很特别亦很普遍的教育现象。我们不可能随时都能碰到好老师，所以有时候就只能跟古人学，跟外国人学，从书本上学，这当然也是一种教育。

从"所教者五"这段论述中，我们可以看出施教的基本方法：由于学者人品有高下，时地有远近、先后，其教授的方法也就不一样。对于天资高，学力已到，行将勃发的，就迎其时而教，像给草木以及时雨一样；对天资敦厚，德有可成者，则抑其过引其不及，以便让其成德；对天资聪慧的则矫其偏导其正；对德无可成材无所达的，就通过"解惑"给予提升；对地不相近时不相及的，只能闻道而私淑艾其事的，就风教之。显然，这样的教育方法兼具了原则性、灵活性、启发性、具体性和针对性，因此也是具有科学性的。

虽然孟子在这里所列的五种教育方式已包括了德育、智育等各方面，但严格说来，它并不是一个全面的教学体系，各种方式之间也没有严密的逻辑关系，而只是一种列举的性质。

但这些不同的教育方式，是根据多年教学实践总结出来的，把它们引入今天的教学实践，也仍然是有推广与应用价值的。

《礼记·学记》——大学之教

【原文】

　　大学之教也，时教必有正业，退息必有居学。不学操缦，不能安弦；不学博依①，不能安《诗》；不学杂服，不能安礼；不兴其艺②，不能乐学。故君子之于学也，藏焉，修焉，息焉，游焉。夫然，故安其学而亲其师，乐其友而信其道。是以虽离师辅③而不反也。《兑命》曰："敬孙务时敏，厥修乃来。"④其此之谓乎。

——《礼记·学记》

【注释】

　　①博依：各种比喻。②艺：指各种技艺。③辅：指朋友。④孙：同"逊"，务：必须。来：到达。

　　藏息相辅原则是中国古代教育的重要教学原则之一。

　　我们知道，教学原则是对师生教学行为的基本要求。因此，教学原则的提出和发展必须以教学实践为基础，离不开教学实践的支持。同时还必须接受教学实践的检验，在实践中不断修正、充实和完善。而《学记》中所总结出来的教学经验，从先秦的教学实践中来，又指导了以后历代的教学实践。这些教学原则对今天的教学实践仍有积极的指导意义。

"正业"（主课，正课）包括弦、乐、诗、礼，是学的主要内容；而"居学"（课外作业、课外活动）包括操缦、博依、杂服，它们是艺，是练，是掌握正业的重要保证，二者相辅相成，不可或缺。概括藏息相辅原则的意思，就是"正业"（正课）与"居学"（课外作业、课外活动）相结合，学习进修与游戏休息相结合，也就是课内外劳逸结合。

从心理学的角度看，藏息结合的原则，抓住了人生理机制的紧张与疲劳和心理活动的兴奋与抑制等基本特点及其相互作用的规律，有科学依据。我们的祖先在两千多年前就认识到，人不是学习的机器，学习进修与游戏休息也并不是一对矛盾。由此使人想到今天正在轰轰烈烈上演的"应试教育"——学生白天上7～8节文化课，晚上更有堆积如山的各科作业。午休也要安排一定的时间做作业。一天下来，学生自由支配的时间可谓少之又少。如今中学生们的"居学"内容就是课山题海。高中阶段对学生的大脑进行无休止的"训练"、"模拟"，造成他们一个个眼睛近视，体质发育不良。艺体课让位，因为对学校的升学率没有直接效果；文学经典封杀，因为它们不能带来立竿见影的分数；家务活不让沾边，因为这"浪费时间，影响学习"；教育主管部门对学校的主要考核指标就是升学率；校长念念不忘的是"分分分，学校的命根"……在有的地方，如今初高中学校一个月只放一天假，规定每天早上班主任六点必须到校看管学生早读，其余科任老师必须在六点半到校上班。——"重视"教育到了这等程度，实在令人无言以对。上下左右陷入了一场集体的"应试狂欢"，狂欢之后，却发现我们已经连曾经的"跟踪世界科技前沿"（863计划的"宏图"）也成了一段梦呓……

这些地方的教育官员们应当找一本《学记》来读读。对比两千多年前先贤"藏息相辅"的告诫，不知对中国今天的教育会有何感受？

教育可以兴国，教育也可以误国。一个病态的与"藏息相辅"教学原则格格不入的教育机制，一个让学生远离人文和崇高的教育现实，才应该是教育改革之剑直指的方向。

《论语·阳货》——死书活教

【原文】

《诗》可以兴①，可以观②，可以群③，可以怨④。迩⑤之事父，远之事君，多识于鸟兽草木之名。

——《论语·阳货》

【注释】

①兴：激发感情，抒发情志。就是用比兴的方法抒发感情，使读者感情激动，从而影响读者的意志。②观：观察了解天地万物与人间万象。就是说《诗》是反映社会现实生活的，因此通过诗歌可以帮助读者认识风俗的盛衰、政治的得失。③群：结交朋友，和而不流。就是说《诗》可以帮助人沟通感情，互相切磋砥砺，提高修养。④怨：讽谏上政。就是说《诗》可以批评指责执政者为政之失，抒发对苛政的怨情。⑤迩：近。

兴观群怨，是孔子对《诗》的社会作用的高度概括，是对《诗》的美学作用和社会教育作用的深刻认识，开创了中国文学批评史的源头。而这段文字让我们更为注意的是漫溢在字里行间的死书活教的教学思想。除了教育学生理解《诗》的字面意义，增加文学、自然科学方面的知识外，孔子开创了死书活教的说《诗》途径，认为学习《诗》，可以感发志气，考见得失，团结大家，发抒抑郁；其中有些原理可以用来事父、事君，并可以从中学到关于动植物方面的知识。这一教学方法得到孟子和荀子的继承。

孔子诗学是孔子思想的重要组成部分，他提出的"兴观群怨"系统地阐释了《诗》的社会作用和对现实的影响，同时也揭示了文学的教化作用。《诗》在当时的社会生活中发挥着重要的作用，"赋诗言志"是当时的一种时尚，甚至也是一种基本生存能力，尤其对于当时的政界而言，如果不读《诗》不懂《诗》，那么就"无以言"。

"兴观群怨"是对诗歌社会作用最高度的赞颂。现代诗歌批评所津津乐道的认识、教育、审美三大作用，在孔子的这段话里都可以找到。孔子提出的"兴观群怨"，根植于中国古代特有的解释学传统，理解这一命题的关键并不在于把它纳入审美诗学的轨道，看它是如何体现了中国古代意识审美的自觉，而是应植根于更广阔的思想文化背景和更大的解释关联域中，找出它与中国古代艺术审美传统的关联，以及对中国古代美学思想的影响和深层动力。

孔子的"兴观群怨"把"人"和"世"放在重要地位，其目的主要不在于对诗歌本身的艺术特征的理解，而在于以形象譬喻引发义理，并通过学《诗》来提升人的精神，以达到礼义教化和培养人格的目的。

孔子提出"诗可以兴"的命题，把《诗》看成是人性教化和人格修养的根本，不仅是因为《诗》可以让人学会运用象征性语言艺术，学会用譬喻来解释世界，学会用举一反三的方法进行类比联想，而且还在于这些方法和手段的最终目的都在于提升人的精神，以达到礼义教化和培养人格。

孔子对《诗》的"死书活教"产生如此可观的教学效益，很值得我们琢磨与借鉴。

《礼记·学记》——教学相长

【原文】

虽有嘉肴①，弗食，不知其旨②也；虽有至③道，弗学，不知其善也。是故学然后知不足，教然后知困④。知不足，然后能自反也；知困，然后能自强也。故曰：教学相长⑤也。

——《礼记·学记》

【注释】

①嘉肴：美味的菜肴。肴，熟肉食。②旨：美味。③至：到达了极点。④困：(受到)阻碍，不通。⑤教学相长：教和学互相促进，教别人，也能增长自己的学问。

人们对"教学相长"的解释主要有两种：

其一是将其纳入教学原则的范畴，认为"教学相长"一词的主体是教师和学生，因而将其理解为"教师的教与学生的学可以相互促进"，如毛礼锐、沈灌群主编的《中国教育通史》就将其作为教学原则来解释，认为这一原则"揭示了教与学之间相互制约、相互渗透、相互促进的既矛盾而又统一的关系"。另外在王炳照等人编的《简明中国教育史》中，也将其作为一条教学原则，指出"'教学相长'深刻揭示了教与学之间的辩证关系：两者相互依存，相互促进，'学'因'教'而日进，'教'因'学'而益深。"

其二是认为"教学相长"是一条"教师自我提高的规律"，认为"教学相长"一词的主体是教师，将"教学相长"理解为"教师施教的过程同时也是教师学习和提高的过程"，即教师通过教而促进自身的学。如孙培青主编的《中国教育史》就持这种观点，"'教学相长'的本意并非指教与学双方的相互促进，而是仅指教这一方的以教为学。它说明教师本身的学习是一种学习，而他教导他人的过程更是一种学习。正是这两种不同形式的学习相互推动，使教师不断进步。"

近些年来一些学者对这两种解释持质疑态度，如四川师范大学教师、西南大学博士刘秀峰认为"教学相长"所指的主体不是教师与学生两者，也不是教师一者。"教学相长"的主体应是学生，"教学相长"中的"教"不是指教师的"教"而是指学生的"仿效"，因此，"教学相长"指的是学生"效师而学"和"自觉而学"，两者对学生的成长具有相同的益处。因此，"教学相长"不是"教学原则"亦不是"教师成长规律"，而是学生的"学习规律"，强调学习者一方面应自学、自修，另一方应"效师"、"效友"而学。"长"应为名词的"益处"之意，而非动词的"促进"之意，"教学相长"一词也应读为 xiào xué xiāng cháng。

无论何种解释，"教学相长"的最终目的是明确无误的，那就是提高教学质量。现代学校教育要特别注重从传统教育中扬长避短，注重传统精华与现代文明的有机结合，在传承中不断创新，构建适合现代学校教育的新思维、新方法。一是要确立"学教俱进"的理念，把师生互动、教学相长放在组织教学活动的重要位置。二是要注意调整教师与学生在教学过程中的关系，把学生置于主体地位，充分发挥学生的聪明才智和生命潜能，创造"学"、"教"俱进的生动局面。三是要注重师生的双向拓展，让教师与学生都有"自省"、"自反"的提升机会。四是要构建亲和融洽的教学氛围，充分发挥"教学相长"的教学效益。

《礼记·学记》——大学之法

【原文】

　　大学之法，禁于未发之谓豫，当其可之谓时，不陵节而施之谓孙①，相观而善之谓摩。此四者，教之所由兴也。发然后禁，则扞格②而不胜③；时过然后学，则勤苦而难成；杂施而不孙，则坏乱而不脩；独学而无友，则孤陋而寡闻；燕朋④逆其师；燕辟⑤废其学。此六者，教之所由废也。

　　君子既知教之所由兴，又知教之所由废，然后可以为人师也。故君子之教，喻⑥也，道⑦而弗牵⑧，强而弗抑，开⑨而弗达⑩。道而弗牵则和，强而弗抑则易，开而弗达则思。和易以思，可谓善喻矣。

——《礼记·学记》

【注释】

　　①孙：同"逊"，顺。②扞(hàn)格：抵触。③胜：起作用。④燕朋：轻慢而不庄重的朋友。⑤燕辟：闲逛漫游，染上不良习气。⑥喻：启发诱导。⑦道：同"导"，引导。⑧牵：强拉。⑨开：启发。⑩达：通透。

　　方法是成功的保证。学校的教学方法是：在不合正道的事发生之前加以禁止，叫做预先防备；在适当的时候加以教导，叫做合乎时宜；不超过学生的接受能力进行教导，叫做顺应；使学生相互观摩而得到好处，叫做切磋。这四点是教育取得成功的原因。

事情发生以后才禁止，就会遇到障碍而难以克服；过了适当时机才去学习，虽然勤勉努力，也难以有成就；杂乱施教而不按顺序学习，就会使学生头脑混乱而无法补救；独自学习而没有朋友一起商量，就会孤陋寡闻；轻慢而不庄重的朋友会使人违背师长的教导；轻慢邪僻的言行会使学生荒废学业。这六点是导致教育失败的原因。

知道了教学获得成功与导致失败的原因，然后才可以做别人的老师。教育和培养学生，靠的是引导而不是强迫服从，是勉励而不是压制，是启发而不是满堂灌输。引导而不是强迫，就会使师生关系和谐；勉励而不是压制，学习就容易成功；启发而不是"填鸭"，学生就会善于思考。能使师生关系和谐，使学习容易成功，使学生善于思考，就可以说是善于诱导了。《学记》中列举了四条成功的教学经验，列数了教学失败的六个原因，强调了教学过程中"豫"、"时"、"孙"、"摩"的重要性。对那些缺乏经验与方法的教师提出了严厉的批评：一味灌输、一味赶进度、不顾学生实际、不顾学生发展的教师是违背教育规律和教学原则的。

教师除了以良好的行为垒筑人生的高度，还必须要拥有知识、智慧、经验与艺术，以深厚的学养和精湛的教学展示教师的风采：一是要有防患于未然的意识，随时发现学生的不良苗头，及时做好预案与防范，这是育人的客观要求。二是要善于把握最佳时机，巧妙地化解学生的困惑，及时帮助学生矫治与改进，这是教师的机遇意识。三是要讲究策略，讲究程序，注意时机与场合，不能操之过急，也不能感情用事，要依规而行，循序渐进，讲求实效，这是教学的谋略与艺术。四是要善于跟学生交朋友，主动找机会与学生交谈，达到感情上的沟通，构建师生平等的互动关系，这是现代教育的重要特征。

《庄子·知北游①》——不言之教

【原文】

夫知者不言，言者不知②，故圣人行不言之教。

——《庄子·知北游》

【注释】

① 知北游：本篇是《庄子·外篇》的最后一篇，以篇首的三个字作为篇名。"知"是一寓托的人名，"北游"指向北方游历。② 言者不知：谓多言多语的人缺乏智慧。

"不言之教"的本意并非不教，并非不要知识，而是强调不为物所役，不为事所困，不满足于小知，是达到一种层次后向另一种更高层次的追求。人类对待知识有两个路向，一个是由内向外的，把缄默知识变成显性知识，发明创造就是这个路向。西方文化以这个路向为主。一个是由外向内的，把显性知识变成缄默知识，这是东方文化的路向。在中国，这两种发展的路向曾经是并存的。向外作为发明创造的路向，向内作为教育的路向。这应该也是中国创造伟大的古代文明的原因。"不言之教"的路径是通过"不言"以及"言"之外的其他方式达到"教"的目的，实现对"道"的追求。对于教师，要达到"不言之教"就得更加讲究课堂教学技能，提高课堂教学含金量。

所谓课堂教学的含金量,指的是课堂教学中知识、技能、修养及思维力的含量。也就是说,在课堂教学中,究竟教给学生什么,教给学生多少有价值的东西,可供学生吸收的营养精华有几多。

提高课堂教学的高含金量,并不等于只是给学生筛选出若干个知识点进行枯燥乏味的灌输和"切割式"的诠释,而要求教师把握"三精"、"三提"——在备课时精心设计,精心选择"主料"和"辅料",精心剪裁;挈领提纲,归纳提炼,综合提升。在课堂讲授时既精于化繁为简、寓雅于俗,又善于点石成金、旁征博引。

提高课堂教学的含金量,就必须正确处理好与信息量、吞吐量的关系。在大信息量之谓甚嚣尘上的时候,依然有不少人主张根据学情合理释放相关信息,科学释放最佳信息。其实,信息量、吞吐量与含金量并非成正比例关系,"超载"或"集束"轰炸未必有利。讲求含金量,实质在于追求凝练而有序,简明而流畅,广博而高雅的境界,把那些无效、没用的说辞、程式、内容等去除,尤其要把贫嘴饶舌的"婆婆嘴"、毫无意义的口头禅、漏洞百出的外行话以及装腔作势的假话、空话、大话、套话、废话,统统纳入"不言"禁区,使教师"言"在点子上、学生"听"进心坎里。

提高课堂教学的含金量,教师必须练就教学的"三表"功夫,即表现形式、表达能力、表演艺术。无论多媒体教学怎样发展,教师之"言"的亲和力、感染力的感知和体验都无可替代。因此,不管是聊天谈心式、激情演讲式,还是幽默笑话式等各种表达风格的转换使用,都要为高含金量的智能传达服务,即使是插科打诨,也要表现出大俗中的大雅。

提高课堂教学的含金量,还要有处理课堂教学节奏的高超艺术,如跌宕起伏、错落有致、峰回路转。要根据学生的认知规律来安排好序幕、过场、高潮、尾声,尽量做到高潮迭起、悬念丛生,使课堂教学的节奏张弛有度、收放自如。课堂教学应追求平实平和、清晰明快、饱满厚重及悬疑求异的高境界,以实现真正的"不言之教"。

《礼记·学记》——今之教者

【原文】

　　今之教者，呻①其佔毕②，多其讯言③，及④于数⑤进而不顾其安，使人不由其诚，教人不尽其材。其施之也悖⑥，其求之也佛⑦。夫然，故隐⑧其学而疾⑨其师，苦其难而不知其益也，虽终其业，其去⑩之必速。教之不刑⑪，其此之由乎。

——《礼记·学记》

【注释】

　　①呻：诵读。②佔（shān）毕：这里指照本宣科。③多其讯言：一味灌输知识。讯：告知。④及：急于，追求。⑤数：同"速"。⑥悖：违背。⑦佛：同"拂"，违背。⑧隐：厌恶。⑨疾：怨恨。⑩去：忘记，忘掉。⑪刑：成，成功。

　　有人曾说："没有教不好的学生，只有不会教的老师。"这一观点，《学记》篇中也多有体现，在谈到教育失败的原因时指出：如今教书的人，只知道念诵书本，一味进行知识灌输，急于追求快速进步，不顾学生能否适应。结果使学生学习没有诚意，教育的人也不能因材施教。对学生的教育违背了规律，达不到教育的要求。像这样，学生便对学习感到痛苦，并厌恶老师，对学习感到畏惧，不懂得学习的好处。他们虽然勉强完成了学业，但学到的东西很快就忘了。教育之所以不能成功，原因就在这里吧！

这是古人的话，其实，两千多年前的教学弊病，好像一直遗传了下来。当今学校的考试、学历教育，使得学生的弦绷得紧而又紧，学生考完恨不能把书烧了，变成了"学而时习之，不亦苦乎"。人的本性是要逃离痛苦的，那现实中的厌学、辍学、逃学也就从此而生。不知我们的教学方法对此能有一些反思吗？

现在有很多人把"严师"理解为对学生要求严厉的教师，这也未尝不可。但在此基础上引申为"棍棒底下出孝子"，教育界也曾盛传"今天的无情正是明天的有情"，使得体罚与变相体罚成为应试教育中一种看似正确的理论依据，由此上演一出出校园悲剧，而这应当引起足够的警觉与重视。

若换个角度来理解，此处的"严"更应具有另外三点含义：一是教师的自严自律，严于律己，做一名道德上的楷模，教师为学生的成长起到示范作用。教育的过程应当是教师道德自我完善与自我提升的过程。校园应该是一方净土，即使在市场经济的大环境下，也不能为一己之私利而置道德于不顾，唯其如此，方能秉"捧着一颗心来，不带半根草去"之念，行教书育人之职。二是教师的严于治学，深入研讨，对每一个问题都毫不含糊，对每一个疑问都不放过。如果流于肤浅，心态浮躁，很可能会误己误人。三是严谨从教，严于育人。教之道，贵以专，也贵以严。严在传授之细，教导之明。课堂上条分缕析，深入浅出，不敷衍塞责，不草草从事，不放过学生所提出的每一个疑点。在教学过程中要言辞简约精妙、明白晓畅，态度含蓄温和、循循善诱，勿使学生产生抵触情绪，等等。而且教师在向学生提问时，应懂得先易后难的道理，通过反复辩难，逐层深入，让学生真正领会知识要点。解答学生问题的时候，也应当根据学生提问的范围和深浅程度，耐心倾听之后再予以相应的解说。

《礼记·学记》——善教继志

【原文】

善歌者使人继其声；善教者使人继其志。其言也，约而达①，微而臧②，罕譬而喻③，可谓继志矣。

——《礼记·学记》

【注释】

①约而达：简单而明确。②微而臧：精练而完善。③罕譬而喻：举例不多，但能说明问题。

善于唱歌的人，能够感动人心，使听者随着歌声唱起来。善于教学的人，不仅给人以知识，还能够启发人心，诱导学生自觉地跟着他学。教师讲课，言辞简约而通达，含蓄而精微，简单明确，精练完善，举例不多，但能说明问题。这样，才可以达到使学生自觉地跟着他学的目的。

长期以来，教师习惯认为：讲得越多、越细、越深、越透，学生学得就越快、越好，教师带领学生"钻山洞"，总比学生自己摸索要来得更快一些。他们从上课一直讲到下课，作业只能压到课外。面对各科繁多的课外作业和各式各样的教辅材料，学生身上像被压了一块沉重的石头，每晚熬至半夜，手指的硬茧越来越厚，眼镜的度数越来越高，身心俱疲，个性泯灭，学习的兴趣荡然无存。童年的快乐与健康成长更无从谈起，甚至造成人格的萎缩、心理的压抑。有人担忧，我们的教育正培养出越来越多的厌学者、辍学者和书呆子！

简约是智慧的灵魂。真正有智慧的教师能做到简单教学，"满堂灌"的教学方法只会让学生在"坐享其听"中变得迟钝，最终失去了学习的能力和兴趣。而少讲精讲，能将时间留给学生去自学、探究、展示、讨论、感悟。教师进课堂的任务不是讲，而是组织学生学。老师不讲或少讲，课堂更精彩。我们的教学应当及早结束"教师教得很辛苦，学生学得很痛苦"的畸形状态了。

那么，在不讲或少讲的情况下，教师怎样才能把以前靠讲来完成的知识传授任务内化为学生的智慧呢？

首先，教师要分清"讲"的范围，选择性地讲。课堂教学要落实"四讲、四不讲"：多讲易错点、易混点、易漏点以及学生理解不透的问题点；学生已经会的不讲，学生自己能学会的不讲，学生能讲的教师不讲，对于一些难题，教师讲了之后学生仍然不会的就暂时不讲。

其次，教师要控制"讲"的质量，精练性地讲。作为教师，千万不能陶醉于"千言万语"之中，讲解务必做到以少胜多，言简义丰，明白晓畅。不要面面俱到，泛泛而论，而要讲精华，抓住规律；讲重点，不离核心；讲难点，扫除障碍；讲关键，带动全文。不管是讲授、讲述，还是讲解、讲读，都要依据学生的认识特点，按照教材的系统，分清主次，突出重点，解决难点，用尽量少的时间使学生掌握更多的知识。

再者，教师要把握"讲"的时机，引导性地讲。教师要讲在学生学习困惑时，讲在学生体验肤浅时，讲在学生探究"卡壳"时，讲在学生徘徊区误时，讲在学生知识匮乏时，讲在学生认识模糊时。只有抓准了"讲"的时机才能让学生有"醍醐灌顶"的顿悟。引导但不要牵制，激勉而不能强迫，启发而不去包办，这样才能达到教学的理想境界。

《说苑·贵德》——春风风人

【原文】

孟简子相①梁,并卫,有罪而走②齐,管仲迎而问之曰:"吾子相梁并卫之时,门下使者几何人矣?"孟简子曰:"门下使者有三千余人。"管仲曰:"今与几何人来?"对曰:"臣与③三人俱。"管仲曰:"是何也?"对曰:"其一人父死无以葬,我为葬之;一人母死无以葬,亦为葬之;一人兄在狱④,我为出⑤之。是以⑥得三人来。"管仲上车曰:"嗟兹乎!我穷必矣。吾不能以春风风⑦人,吾不能以夏雨雨⑧人,吾穷必矣!"

——(汉)刘向《说苑·贵德》

【注释】

①相:做宰相。②走:跑,奔,逃奔。③与:跟随。④狱:案件,如"小大之狱"。⑤出:使……出,救出。⑥是以:以是,由于这,因此。⑦风:温暖。⑧雨:滋润。

"春风风人",指和煦的春风吹拂着人们,比喻及时给人以良好的教育和帮助。管仲对孟简子遭遇的这一声叹息,给几千年来的文明古国提示了一个教学命题。

长期以来,我国的学校教学存在几种不惹眼球却让人惊心的状态——

一种是冷漠型。教师是中规中矩的，教学是四平八稳的，但就是缺少一股温柔扑面的和煦春风，更少有主动"风人"的教学习惯。教坛流传这么一个"春风不度玉门关"的小故事：一个喜爱写作的学生特别仰慕一位经常发表一些作品的教师，费了九牛二虎之力"调整"到这位教师门下。结果这位教师对这名学生并没有多少鼓励与指点，作文都是给的程式化的批语，学生拿习作求教也遭冷落。后来这个学生给这位教师写了一封信，上面只有两个字：失望。据说这位教师看了信后十分震惊。也许，从教学任务来看，这位教师的作为是在"红线"以内，但对照"春风风人"的古训，他能不"震惊"吗？

另一种是自满型。教师的自我感觉太过良好，总觉得自己是满满一缸水，自己读过的书比学生多了去了，对付学生那一碗水的见识是绰绰有余的。但是——你"春风"了吗？你"风人"了吗？当然，面对这样的询问，今天的教师不必像两千多年前的管子那样揣上"吾不能以春风风人，吾不能以夏雨雨人，吾穷必矣。"的惶然，但就没有愧对教学良知的赧然吗？

还有一种是问题型。一些"问题学生"在家里备受溺爱，成了家中的小皇帝、班上的顽劣生，上课捣乱，故意迟到，欺负同学，对抗老师，无恶不作，"无可救药"。这更是需要"春风"沐浴的地方。真正的沟通其前提是平等。对待学生犯错，教师要做的第一件事是要先找到一种名叫"同理心"的东西，接下来才会有一种真正的沟通和交流，而不是简单的说教和微笑的训斥。教育是一种理性活动，但这种理性活动必须被置于"春风"的环境，必须采用"风人"的方法，教师才有可能对学生产生触动灵魂的影响。

《荀子·劝学》——蓬生麻中

【原文】

南方有鸟焉，名曰"蒙鸠"，以羽为巢而编之以发，系之苇苕。风至苕折，卵破子死。巢非不完也，所系者然也。西方有木焉，名曰"射干"，茎长四寸，生于高山之上而临百仞之渊。木茎非能长也，所立者然也。蓬①生麻中，不扶而直；白沙在涅②，与之俱黑。兰槐之根是为芷，其渐之滫③，君子不近，庶人不服，其质非不美也，所渐者然也。故君子居必择乡，游必就士，所以防邪僻而近中正也。

——《荀子·劝学》

【注释】

①蓬：蓬草。②涅：黑土。③滫：臭水。

蓬草长在麻地里，不用扶持也能挺立住；白沙混进了黑土里，就和黑土一样黑了；兰槐的根叫香艾，一旦浸入臭水里，谁都不会佩戴它。——荀子在这里连连设喻，说明环境对于人成长的重要性。

人是环境的产物，因为人总是在一定的环境中成长，在一定的环境中学习的。儒家历来重视环境习俗在人的成长中的重要作用，强调教育者充分利用外在环境诸因素的渗透熏陶作用和其对受教育者潜移默化的影响,将其作为教育辅配手段来达到教育目的,强调"择友"与"择处",恪守"道不同,不相为谋"的与外界交往的原则,目的就是为了给受教育者创造一个有益于提升思想道德修养的外在环境。孔子讲"性相近,习相远"。荀子也认为,人生活在什么样的环境中就会成为什么样的人。可见,环境对个人的成长是十分关键的。"蓬生麻中"这个事例就形象地说明了环境对道德观念的形成所起到的潜移默化的感染作用。环境的影响是潜移默化的,好的环境对人产生好的影响,久而久之,就可以塑造人优良的品质;而在恶劣的环境中,人就会往恶劣的方向发展。

影响人成长的"外在诸境"分两个层次,即社会风气的大环境和居住交往的小环境。所以,为人居处必定选择好的地方,交游必定选择有贤德人士,学习必定选择健康安静的处所,目的就是为了接受美德的熏陶而防止邪恶的浸染。这就要求学校形成一个良好的教学氛围,打造一个良好的教学环境,充分发挥环境在人性养成和教学相长过程中的正面效应。这与我们今天教育改革提倡的普及义务教育、改善教育环境、提高教学质量,都是不谋而合的。

当然,在坚持相关原则的基础上,还应强调"和"。这种"和"既是"和谐"、"协调"的意思,也有"合作"的涵义,因而它体现了中国"和合文化"的精粹。在纷繁复杂、矛盾重重的社会生活中,上下和谐,人际协调是国家安定、社会发展的前提。

"蓬生麻中"蕴含的教育原理极具普适性,我们对之应当充分挖掘,并将现代元素注入其中,从而实现创造性的转化,为当前教育教学实效性的提升做出应有的贡献。

《礼记·学记》——进学之道

【原文】

善学者师逸①而功倍,又从而庸之②;不善学者师勤而功半,又从而怨之。善问者如攻坚木,先其易者,后其节目③,及其久也,相说以解。不善问者反此。善待问者如撞钟,叩之以小者则小鸣,叩之以大者则大鸣;待其从容,然后尽其声。不善答问者反此。此皆进学之道也。

——《礼记·学记》

【注释】

①逸:花力不多。②从而庸之:表示归功于老师。③节目:比喻难懂的问题。

善于学习的人,教师花的精力不多而收效很大,对于教师又能表示感戴之忱。不善学习的人,教师花的精力很多而收效很少,反而会埋怨教师。善于发问的人,发问如同砍伐坚硬的木材,先从容易砍的地方砍起,随后才砍木材的关节;久而久之,关节随手就可以砍开了。不善发问的人恰恰与此相反。善于答问的人,对待发问如同对待撞钟一样:撞得轻就响得小,撞得重就响得大;从容地撞,从容地响。不善答问的人恰恰与此相反。凡此种种,都是有关教学方法的经验之谈。教师在教学中所应当掌握的道理，同样可以适用于学生的学习。既然说"此皆进学之道"，当是指师生共同的准则。

对于教师来说，应当真正树立并坚守这个"太阳下面最光辉的职业"所带来的神圣的使命感和责任感，潜心于教书育人。课堂教学要敏锐地捕捉到教材文本的特点，采用小组合作、分享等学习方式，对文本的重要段落展开研读。课堂是学生的，教师要做的是设计话题，引导学生自读自悟，适时点拨，而不能越俎代庖。在课上努力追求教师巧妙引领和学生自主思考的和谐统一。学生在与文本充分自主接触的过程中生成感悟，畅通教师、学生、文本之间的互动对话渠道。当然，在操作的细节上允许存在个性化。但总的来说，细致处理要扎实，教学目标的达成度要高。

不少教师以为，课堂教学不能太偏向于"工具性"，似乎纯粹的技术操练枯燥乏味，会让学生失去学习兴趣。为此，教师在教学时必须创设有效的对话情境，讲究点拨策略，调动学生的情感思维。应从学生学习的实际需要出发，顺应学生的主动建构，切实用好教学导航策略，让学生品味到课堂教学的魅力，为学生积累、运用知识打下坚实的基础。

课堂教学对文本细读和资源整合力求达到水乳交融的境界。一方面要教给学生批判式阅读的意识，另一方面要充分利用课程资源。整个教学过程中，教师应时时提醒自己从"自我中心"的倾向中走出来，最大限度地引导学生自觉动脑、主动动手。学生一旦掌握了学习的技能和方法，就能兴趣盎然地投入到捕获知识的过程中去，发展智力水平和提升学习能力。

目前来说，课堂教学是一种主要的教学形式，更是教育研究的一种重要途径。一线教师要以学生的需要和发展为基点，把握课堂教学的规律，精心预设、生成、优化"学程导航"策略，洞悉并点燃活力和智慧的火花。学生一定会痴迷于缤纷的教学过程，探寻到一片全新的天地，进入心灵自由遨游的理想境界。

《庄子·内篇·人世间》——心莫若和

【原文】

　　颜阖①将傅②卫灵公大子③，而问于蘧④伯玉曰："有人于此，其德天杀⑤。与之为无方，则危吾国；与之为有方，则危吾身。其知适足以知人之过，而不知其所以过。若然者，吾奈之何？"

　　蘧伯玉曰："善哉问乎！戒之，慎之，正女身也哉！形莫若就⑥，心莫若和⑦。虽然，之二者有患。就不欲入，和不欲出。形就而入，且为颠为灭，为崩为蹶；心和而出，且为声为名，为妖为孽。彼且为婴儿，亦与之为婴儿；彼且为无町畦，亦与之为无町畦⑧；彼且为无崖，亦与之为无崖；达之，入于无疵。"

——《庄子·内篇·人世间》

【注释】

　　①颜阖（hé）：鲁国的贤人。②傅：教导、辅佐帝王或王子。③大（音tài）子：太子。④蘧（qú）伯玉：卫国大夫，名瑗（yuàn），字伯玉。⑤天杀：天性嗜杀。⑥形：外表；与下句"心"对文。就：靠拢，亲近。⑦和：调和，文中含有诱导的意思。⑧町畦（tīng qí）：田的分界，文中指约束。

　　顺应物情、因势利导，不仅是蘧伯玉教给颜阖的两全之策，也是行之有效的教

育方法。

教学过程中,学生解题时思维受阻是经常会遇到的情形。教师的责任不是帮助学生完成解题过程,而应该是引导学生分析受阻的原因,寻找突破思维障碍的方法,在寻找方法的过程中去重新理解题意,挖掘隐含条件,转换视角,使解题在正确思路的指引下完成。

顺应物情的核心是顺应学生的成长规律,在不同的发展阶段用相应的方法进行教学。

在操作方法上,首先是坚信教育比天赋更重要。施教者要认真研读、认识和了解人类天性与成长规律,把学生"好奇、好玩、好胜"的原始本能优化为成长的内驱力。

对于学生的好奇天性,要精心引导,让学生既养成不单凭兴趣学习的良性意识,又养成"想做又不该做的事,要忍着不做;该做又不想做的事,要坚持把它做好"的良好习惯。

对于学生好玩的天性,可因势利导,通过"课外活动"和"快乐学习法",培养良好的行为习惯,增强行为方式的计划性、目的性和持久性,促成"学习=快乐"的心理。

对于学生好胜的天性,要扬长避短,通过"正面诱导法"和"自我挑战法",引导学生自信而不自负,顽强而不顽固,好胜而不忌妒。

教师应该用"发现"的心态挖掘和利用身边的教育资源,让学生在有限的条件下获益更多。要注意立足现实,及时导引,多予鼓励。教师对学生现有的基础要心中有数,并把对学生的期望值调整为"在昨天的基础上前进",才不容易犯放任或急躁的毛病。对放任的教师而言,每天给学生提出一点小小的新要求是很好的矫正办法。对急躁的教师而言,把"一步到位"的愿望分解为"十步到位"或"百步到位",很多总做不到的事反倒有可能做到了。学生的心灵舒展,才能形成最具发展潜力的良好个性,才有最佳的教学效果。

教给的知识是有价之物,开发智力是无价之宝。学生要全面发展,兴趣必须广泛。所以要特别注意从多方向培养,反对过早的、人为的定向培养。要从激发学生的兴趣入手,在学生乐于接受的前提下,逐步推出有益的教学措施,这样才会真正有利于孩子素质的提高。

《韩非子·喻老》——千里之堤

【原文】

千丈之堤，以蝼蚁之穴溃①；百尺之室，以突隙之烟焚。

——《韩非子·喻老》

【注释】

① 溃：溃决。

韩非子的这句哲言深刻揭示了千里长堤虽然看似十分牢固，却会因为一个小小蚁穴而崩溃的道理。更警示我们：事情的发展往往是一个由小到大的过程，要防微杜渐，注意细节！

成也细节，败也细节。

细节可以考验人，可以修炼人，可以提高人，更可以成就人。不管你生活中是否有种种的不如意，也不管你怎样志存高远，切不可因一个小小的细节而损害自己的形象、影响自己的成功。有太多的人忽视"细节"，因而抬头望天，自说个人渺小不已，成功遥遥无期。然而万事开头难，成功的开始便是细节的积累，"聚沙成塔"、"聚少成多"，一个"聚"字，把太多的"细节"紧紧地联结在一起，形成了一个坚实、庞大的基础，从而使你拥有了一副通往成功的阶梯，一双飞向高处的双翅。

　　人们常说:"勿以恶小而为之,勿以善小而不为。"在一些陌生场合,人们往往是以一个细节来判断一个人的素养,比如随地吐一口痰或说一句脏话,你的翩翩风度就没了;一次失信或一个小小的欺骗,你的诚信就没了。而一句简单的"谢谢",别人会送你一个温馨的微笑;一次让坐,别人会投来赞许的目光。所以,细节有时简直就成了人的道德名片。

　　学校教育有太多的细节,教学过程中有太多的细节,学生成长有太多的细节。让我们注重细节,懂得细节,把握细节,以认真的态度去面对生活,去创造美好的明天。

《吕氏春秋·用众》——假长补短

【原文】

　　善学者，若齐王之食鸡也，必食其跖①数千而后足；虽不足，犹若有跖。物固莫不有长，莫不有短。人亦然。故善学者，假②人之长以补其短。故假人者，遂有天下。无丑不能，无恶不知。丑不能、恶不知，病③矣。不丑不能，不恶不知，尚④矣。虽桀、纣犹有可畏可取者，而况于贤者乎？

——《吕氏春秋·用众》

【注释】

①跖：指鸡爪。②假：借用、吸取。③病：错误的。④尚：上，正确。

　　用齐王吃跖来比喻善学者的取长补短，别具一格。确实，尺有所短，寸有所长，物有所不足，智有所不能。如果小草为自己没有大树的伟岸而萎靡不振，那世界上就没有草原的广袤；如果流水为前面的断崖而踌躇不前，就不会有壮观的瀑布景象；如果人们为自己的短处而放大自己的痛苦自暴自弃，那么世界上就不会有快乐和成功。应对尺短寸长的秘诀就是——取长补短。

　　善学者要取长补短，至少要做到三善：

　　首先要善看。一要客观地看到自己和别人的差距，也就是既要找出自己的短处，也要看到别人的长处。善于看到自己的短处才能着手补救。善于看到别人的长处则学有样板，追有目标，从每个人的身上选取他们的闪光点以弥补自身的不足，丰富自己的情感，陶冶自己的情操，提高自己的素养，升华自己的品格，增长自己的智慧。其实，每个人都有优秀出色的方面，都有一些闪光的亮点，即使是"桀、纣犹有可畏可取者"，就看我们怎么去发现。二要清醒地看到自己的优点和缺点。每个人都不可能是十全十美的，尽管有很多的优点，但是也难免存在或多或少的不足，为了使自己变得更好，就应"吾日三省吾身"，通过自我观察的方式，挖掘自己的优点，强化它、发扬它；发现自己的缺点与不足，付诸行动去补救它、改善它，将自己最完美最亮丽的一面呈现在人们面前。三要虚心地看到别人的态度。多用心去倾听别人怎么说，不要急着表达自己的看法，这样才能从别人的充分展示中学到长处。

其次是善思。思路决定出路，格局决定结局，没有完美的个人，只有完美的团队。合作中的快乐之一就是因对方的优点而感动。合作的真正目的就是取长补短，优势互补，利好共享，完美成功的速度取决于学习与改变的速度。古有一句话：看人思己。看人的优点时当然要思考哪些能"拿来"，看别人缺点时亦应反思自己，使自己不犯同样的错误。

再次是善言。学习别人的长处，弥补自己的不足，是一种外交活动。交流中要用谦虚、友好的态度对待每一个人，要以诚相待，不要斤斤计较。要注意话语的分寸，若能将学识和幽默语融合在一起，你所说的话定会受到欢迎，你得到的定是学问。

《论语·学而》——德在文先

【原文】

弟子入则孝,出则悌①,谨②而信,泛爱众,而亲仁③。行有余力,则以学文④。

——《论语·学而》

【注释】

①悌:基本字义为敬爱哥哥,引申为顺从长上。《说文》:悌,善兄弟也。贾谊《道术》:弟爱兄谓之悌。②谨:寡言少语为谨。③仁:仁即仁人,有仁德之人。④文:古代文献。主要有诗、书、礼、乐等文化知识。

这是《论语》中比较重要的一则,直抒胸臆地表达这样的教学观:以德为先,唯德至上。孔子从"孝"、"悌"、"谨"、"信"、"爱"、"仁"六个方面告诫弟子,以"孝"、"悌"为根本,"谨"、"信"、"爱"为行为规范,以"仁"为核心和奋斗目标。学习应是广义的,不仅仅限于学习书本知识,首先是学做人,其次才是"学文"。做人在前,读书在后;进德在前,修业在后。这段话从不同的方面强调了一个人在加强自我教养中应注意的问题,包含着一个人应当如何对待教学与生活,应该如何提升自我。如果说"孝"、"悌"、"谨"、"信"、"爱"、"仁"六项道德规范意在人的涵养，那么"行有余力，则以学文"则是对人的学养的眷顾。一个人有了高尚的品德和规范的行为，再拥有精深的学养，无疑是极好的。

实践证明，当自己的品德修养达到一定的高度，就会发现自己的理想抱负的实现，需要各种优秀文化的支撑。这些优秀文化中，包含着帮助自己提升自己的知识技能和精神原动力。这种德在才先的状态的形成无疑需要教学来担当。

"行有余力，则以学文"的教学思想，是从人的自然属性与社会属性的辩证思维出发的，它成功地破解了"有德无才"和"有才无德"的双向悖论，而且成功地确立了人生的主体，即立德为先，习文在后。用现代人的说法就是先成人再成才。纯粹从人的社会性角度看，我们可以得出这样的结论：德重才高是精品，德高才浅是正品，才高德轻是危品，德才双差是废品。

联系到当前的教育，"德在文先"的教学主张，至少给我们这样一些启示：一是要全面推进和深化教学改革，深入贯彻落实"德育为首"的教学思想，切实把学生培养成为具有健全人格、良好品德、主流情感、责任意识的"正品"。二是要以"四有"为目标，把学生培养成为具有民族精神、时代精神、规范意识、创新意识的"精品"。三是要在以"成人"为前提的教义下，扎实开展"成才"实践，致力于使学生达到"人"与"才"的平衡发展，进而培养出更多的富有时代特征的德才兼备的人才。要尽量不出"废品"，尽力避免"次品"，尽情打造"正品"，尽力塑造"精品"。这是现代教育义不容辞的责任，也是当前教学理当追求的境界。

《礼记·学记》——君子善喻

【原文】

君子既知教之所由兴，又知教之所由废，然后可以为人师也。故君子之教，喻①也，道②而弗牵③，强而弗抑④，开⑤而弗达⑥。道而弗牵则和，强而弗抑则易，开而弗达则思。和易以思，可谓善喻矣。

——《礼记·学记》

【注释】

①喻：通过诱导进行教育。②道：通"导"，引导。③牵：牵拉逼迫。④抑：强制压抑。⑤开：启发，策励。⑥达：代替（学生）作出结论。

教师只有懂得了教育成功的因素，同时又懂得了教育失败的原因，然后才能胜任教师的工作。所以说主要的教学方法就是启发诱导，引导学生而不牵拉逼迫；策励学生而不强制压抑；启发学生而不包办代替。引导学生而不牵拉逼迫，师生关系才会融洽；策励学生而不强制压抑，学生学习起来才会感到安逸；启发而不包办，学生才能独立思考。师生融洽，学生又能独立思考，就是用好的教学方法得到的结果。

教师只有懂得了教育成功和失败的因素，才能胜任教学工作。怎样知道教学方法成功与失败的因素？用今天的话来讲就是要研究。研究教育教学规律，研究有效的教学方法，研究教育对象的心理特征等等，我们要在研究中成长和提高，做一个有教育理想的研究型教师，而不仅仅是一个教书匠。

教学是一门学问，有很多具体的要求。教师必须努力提高自身的学识素养和教学技能，仅仅靠死记硬背书本知识来应付学生的提问，这样的学养水平显然是不够的。至少应能够将教材知识融会贯通，灵活运用。此外，教师还必须熟知教育规律，懂得教育成败的根本原因，并充分了解学生的学习心理，有效地掌控教学现场，扬学生之长，补救其不足。同时，教师也还要注意教学方法和技巧，在教学过程中做到言辞简约精妙、明白晓畅，态度含蓄温和、循循善诱，勿使学生产生抵触情绪，等等。教师在向学生提问时，应懂得先易后难的道理，通过反复辩难，逐层深入，让学生真正领会知识要点。解答学生问题的时候，也应当根据学生提问的范围和深浅程度，耐心倾听之后再予以相应的解说。事实上，这些都是教学方法的基本要求，做到这些，教学过程才能顺利进行，教学效果也才有基本保证。

教学是一项事业，有很多具体的"禁忌"。或浮光掠影，故弄玄虚；或口念教材，心生他念；或讲课枯燥，茫然无序；或卖弄难点，为难学生；或只求多教，不管效果；或随心所欲，毫无诚意；或教导无方，违背情理……凡此种种，都是教学之大忌，会使学生厌恶学习而且憎恶师长，视学习如灾难，视教室如囚笼，丧失学习的兴趣与乐趣。虽然勉强完成学业，也因所学无所用而忘得一干二净。教育的失败，原因在此！

"和易以思"就是善喻，喻就是循循善诱，能真正把握教育内在的实质。不急不缓，循循善诱，遵循已有的规律去加以施教，这才是当前教学改革的目标。

《送陈秀才彤序》——读书为学

【原文】

读书以为学,缵言以为文,非以夸多而斗靡也,盖学所以为道,文所以为理耳。苟行事得其宜,出言适其要,虽不吾面,吾将信其富于文学也。

颍川陈彤始吾见之杨湖南①门下,颀然其长,熏然其和,吾目其貌,耳其言,因以得其为人,及其久也,果若不可及。夫湖南之于人,不轻以事接;争名者之于艺,不可以虚屈:吾见湖南之礼有加,而同进之士交誉也,又以信吾信之不失也。如是而又问焉以质其学,策②焉以考其文,则何信之有?故吾不征于陈,而陈亦不出于我,此岂非古人所谓"可为智者道,难与俗人言"者类邪?凡吾从事于斯也久,未见举进士有如陈生而不如志者。于其行,姑以是赠之。

——(唐)韩愈《送陈秀才彤序》

【注释】

①杨湖南:当时的潭州刺史、湖南观察使杨凭。②策:策论,是当时科举考试的一项内容。当时韩愈担任主考官。

【译文】

读书的目的是学习。所谓"学",在古代,本意是指通过听老师讲课,以借鉴前人的经验和教训,获得前人的知识和技能。而"习"是指学子把学来的东西,在课下的生活、生产实践中不断检验和反复练习。可见，在"学习"这个长期搭配并流传后世的现代汉语词汇中，其实就包含着书本知识与实践知识、课堂知识与社会知识、客观知识与主观知识相结合的学理，更包涵着知与行合一的深刻哲理。

如今，虽然人类信息和知识的传播载体进入到了以光电与屏键为特征的大众传播时代，教学手段革新了，可人类求知的实质没有改变；知识传播的方式改变了，可人类必须学习的本质没有改变。大众传播时代信息的海量涌动，知识的天量增长，以及信息与知识的网络化传递速度，更添加了教学的任务，催促我们深入思索。

毋庸回避，鉴于近二三十年来，"独生子女"们在社会风雨摔打的历练不足，学龄儿童和少年步入基础教育，应试教育的压力持续加大，而学校教育在人文熏陶方面客观上存在缺失等，人们尤其是学生群体的思想文化意识产生了人生价值、思想文化的多元化状态，乃至迷惘迷失的负面现象。学生群体中普遍存在着重网络信息轻书本知识；或错把信息当"知识"，轻"学识"、轻"智慧"；或重"学识"，轻"能力"、少"才干"；或以"浅阅读"、"轻阅读"、"泛阅读"为时尚，而缺乏"深思考"；或学风轻泛、思想肤浅；或在专业上拈轻怕重，得过且过，缺乏艰苦攻关精神等等，这些都需要学校通过教学手段来合理引导。

学生群体的"网络情结"昭示我们教育工作者，既要重视言传，又要注重身教，应极大地发挥教学的主观能动性，发扬知识理性、科学理性，通过各种教学方法，教导学生们不能成为网络这一先进科技成果的"俘虏"，更不要成为其"奴隶"，而要做一个善于发挥先进工具之长的"主人"，用它来做好自己的学业、职业和事业，并志在创意、创造和创新；要教导学生树立明确人生目标，理解历史，认识时代，敬畏传统，感恩父母，报效祖国；要让大家明白"读书方恨知识浅，观海乃觉天地宽"的求学求知道理，摒弃"夸多而斗靡"的虚浮，学习陈彤"富于文学"的充实，实现自己的人生梦愿。

《王阳明全集》——童子之情

【原文】

　　大抵童子之情，乐嬉游而惮拘检①，如草木之始萌芽，舒畅之则条达，摧挠之则衰痿。今教童子，必使其趋向鼓舞，中心喜悦，则其进自不能已。譬之时雨春风，霑被卉木，莫不萌动发越，自然日长月化；若冰霜剥落，则生意萧索，日就枯槁矣。故凡诱之歌诗者，非但发其志意而已，亦以泄其跳号呼啸于咏歌，宣其幽抑结滞于音节也；导之习礼者，非但肃其威仪而已，亦所以周旋揖让而动荡其血脉，拜起屈伸而固束其筋骸也；讽之读书者，非但开其知觉而已，亦所以沉潜反复而存其心，抑扬讽诵以宣其志也。凡此皆所以顺导其志意，调理其性情，潜消其鄙吝，默化其粗顽，日使之渐于礼义而不苦其难，入于中和②而不知其故。是盖先王立教之微意也。

——（明）王守仁《王阳明全集》

【注释】

①惮拘检：害怕约束。②入于中和：达到了中正平和。

　　一般说来，儿童的性情是喜欢嬉戏玩耍而害怕约束的，就像草木刚开始发芽时，如果让它舒展畅快地生长，它就能迅速发育繁茂，如果摧残它，它就会很快枯

萎。现在教育孩子，一定要使他们顺着自己的兴趣，多加鼓励，使他们内心喜悦，那么他们自然就能不断进步。有如春天的和风细雨，滋润了花草树木，花木没有不萌芽发育的，自然能一天天地茁壮生长。所以通过吟唱诗歌来引导孩子们，不只是为了激发他们的志趣，还在吟唱诗歌中消耗了他们蹦跳呼喊的精力，在音律中宣泄他们心中的郁结和不快。引导他们学习礼仪，不仅严肃他们的仪容，还借此让他们在揖让叩拜中活动血脉，在起跪屈伸中强健筋骨。教导他们读书，不仅为了开启他们的智慧，也借此在反复思索中存养他们的本心，在抑扬顿挫的朗诵中弘扬他们的志向。所有这些都是用来顺应他们的天性，引导他们的志向，调理他们的性情，潜消默化他们粗俗愚顽的秉性，这样使他们逐渐接近礼而不感到艰难，性情在不知不觉中达到了中正平和。这才是先王立教的深意。

在教学方式上，要顺导性情，鼓舞兴趣。兴趣在提高儿童教育质量方面起着十分重要的积极作用。如果儿童对学习兴趣盎然，则学习时必然心情愉快，能生动活泼地学习，这样进步自然不会停止。反之，如果忽视了对儿童兴趣的培养，则会压抑儿童学习的积极性，不仅使学生厌恶学习，憎恨教师与学校，而且会使学生想尽办法蒙骗老师，品德日趋败坏。这种教育不是教人为善，乃是驱人为恶。

在教学内容上，知识要全面，分量要适中。要让学生气定神闲，无所畏惧地接受知识，并要适可而止，不要使学生很累、很烦，从而失去学习的兴趣。

在教学原则上，要量力而为，随"分限所及"（人的接受能力的限度）。随着年龄的增长，人的"分限所及"是在逐步增长的；随着知识的积累，人的"分限所及"也是在逐步增长的。教授内容的多少难易，必须随着人不同的"分限所及"而变化。

在教学纪律上，王阳明为学生制定的四个条规：立志、勤学、改过、责善，对今天的教学仍具有积极参考意义。条规是一种教学规约，对学生的思想及行为具有约束作用。

《四书训义》——以道相交

【原文】

师弟子者以道相交而为人伦①之一。故言必正言,行必正行,教必正教,相扶②以正。故欲正天下之人心,须顺天下之师受。

——(清)王夫之《四书训义》

【注释】

①人伦:人与人之间的关系。特指尊卑长幼之间的等级关系。②相扶,相辅,相依。

王夫之认为,教师的言谈举止都会对学生产生潜移默化的作用,因此,教师应注意自己的言谈举止、道德品行,做到"正言、正行、正教"。无论做什么事情,都应有一定的规矩,应该"身先士卒"。凡要求学生做到的,教师自己应该首先做到,这对学生来说是一种很好的"教学",因为学生总是倾向于模仿教师。教师的行为能够在很大程度上影响学生的行为,更重要的是,学生会认为自己和教师是平等的,教师没有什么特权,学生的自尊心会得到极大的满足。比如,教师要求学生开会不要迟到,那么教师要首先做到开会不迟到,这样,即使有学生迟到了,他下次也一定会争取不迟到。老师都能做到,学生有什么理由做不到呢？但是如果教师要求学生不要迟到而自己迟到了，学生就会产生不满情绪。这样下去，教师不仅不能管理好这个班级，而且也不能培养学生守时的良好行为。

教师应该注意自己的言谈举止。学生一般都对老师有崇敬之情，认为老师做的一切都是好的、对的。这个时候，如果教师没有注意自己的言行，出现一些诸如骂人、撒谎的不好行为，就会对学生产生深远的不良影响。教师在学生心目中的高大形象会消失，学生也会对其他教学环节产生怀疑，这对学生的健康成长极为不利，也会严重影响教学效果。

教师的言传身教在教学过程中的作用极为重要，教师从事教学工作不但要有恒心，具备一定的专业知识和教学技能，尤其还要注意为人师表的言行举止。这些思想对当时的教育产生了较大影响，对我们当前的教学改革仍具有很大的积极意义。

而在教学过程中，教师要做到"正言、正行、正教"，必须具备相应的教学根底，所谓"欲明人者先自明"。教学常识告诉我们：教师要给学生传授知识，自己首先要掌握一定的知识。

在渐入信息社会的今天，教师和学生的知识系统会有一定程度的交叉，教师的知识并不一定要比所有同学的知识丰富。当然，教师也可以向自己的学生学习。但是教师在职前学习、职后工作和培训中仍需很好地建构自己的知识体系，主要包括：本专业的知识、通识知识、教学技能知识、与人相处的知识等。只有具备了这些知识，才有可能称职地从事教学工作。

根据现代社会对人才的需求标准，教师更重要的是要培养学生学习的能力、分析和解决问题的能力，教师不一定要掌握比自己学生更多的知识，但是，一定要能够通过各种教学方法引起学生的兴趣，让学生愿学、乐学、会学，这更需要教师具备一定的教学理念和方法。时代不同了，明末清初王夫之时代的教学内容和现代社会的教内容是不同的，但相同的是，都必须掌握一定的专业知识和教学技能，"以道相交"，才有可能有效地开展教学活动。

《论语·述而》——道德仁艺

【原文】

子曰:"志于道,据①于德②,依于仁,游于艺③。"

——《论语·述而》

【注释】

①据:"矩"的通假字,是说要以德作为行事的规则。②德:德者,得也。能把道贯彻到自己心中而不失掉就叫德。③艺:指孔子教授学生的礼、乐、射、御、书、数等六艺,都是日常所用。

这是孔子设计的一套教学总纲:以道为志向,以德为根据,以仁为凭藉,以六艺为基本,使学生能够得到全面均衡的发展。这既是他整个人生精神境界与教学追求的一种高度浓缩,也是我们今天教育应当遵循的理想规则。

参照这套规则,在当前教育改革进程中,我们的教学应坚持两个根本。

首先是坚持以学生发展为根本。面向全体学生,面向每一个学生和每一类学生,让每个学生平等享有教育权利,为学生全面发展奠定扎实的基础。这方面可重点做好如下四点:

一是采取科学分班。通过师生一对一地见面了解,参照学生基本能力和个性,按照男女生数字、各等次数字一致原则随机分配，实施阳光操作，做到公开、公正，坚决杜绝重点班、条子班、关系户班现象。

二是均衡教学资源。坚决摒弃优生配强师、差生配弱师的做法，避免由资源分配不公导致"好生更好，差生更差"的恶性效应，为教学发展提供一个公平竞争的舞台。

三是大力培养兴趣。如免费开设语言表演、作文、趣味数学、手工制作等兴趣班，供学生选择，以丰富教学内容；开展文艺演唱、阳光体育运动、社团文艺比赛、励志读书月等各种时代性强、针对性强、教育性强、兴趣性强的主题活动，以活跃教学生活。

四是建立学生档案。教师要全面了解学生情况，既要了解学生的一般特点（知识基础、学习态度等），又要了解学生的个性差异（兴趣、爱好、特长等），重点建立问题学生档案，针对学生的不同情况采取不同措施，进行个别辅导，使基础不同的学生都能得到相应的发展和提高。为学困生开小灶，激发他们的潜能，努力使学困生不再"困学"。

其次是坚持以教师发展为根本，让每个教师的专业发展和教学水平得到不断提升。

实现学生均衡发展，必须树立起"以教师的均衡发展促进学生均衡发展"的理念。均衡发展的核心是师资均衡发展。这方面可抓住如下四项：

一是转变教学观念，深刻认识均衡教育内涵。观念就是财富，思路决定出路。教师要深刻地认识"均衡"强调的是一种"平衡"，是在差距中实现平衡的过程。让每一位学生得到积极、持续、特色、和谐的发展，是教学的最高追求。

二是提升教学水平。邀请名师高手现场指导课堂教学，把优点说够，把问题说透，教师在与专家的对话碰撞中，培养反思批判整合的能力，形成自己的教学价值取向。

三是组织教学竞赛。实现"同课异构"、合作共创，为教师提供展示的舞台，促进教师迅速提高教学水平。

四是促进教学科研。努力提升教学素养，实现教学价值。建立校本教研制度，教师积极参与教学研究，做好课题研究，推广教学科研成果。

《礼记·学记》——相观而善

【原文】

相观而善之谓摩①。

——《礼记·学记》

【注释】

① 摩：学习观摩。

《学记》提倡"相观而善"，认为师生间要互相交往，以便互相学习，互相切磋，互相促进。人人都有优点，只要善于"择其善者而从之"，就可以得到长进。

"相观而善"的思想与互惠式教学思想是一脉相承的。互惠式教学因会使学生间由于学习而形成共同体、形成理想的学习风格，会使学生的潜能得到激发等等而富有意义。

"相观而善"的互惠式教学应注意把握好以下几点。

一是合理搭配组团。组团是"相观而善"的互惠式教学的有效形式。这种形式是连接教学环节的桥梁。合理组团一是要规模合理，每团以4人左右为宜；要搭配合理，强弱有致，使其互相模仿、互相激励、取长补短、共同进步。

二是营造讨论氛围。在"相观而善"的互惠式教学中，教师要善于营造平等、和谐、民主、宽松的教学氛围，这是使互惠式教学收到实效的关键。首先，教师对学生要平等相待、一视同仁，要使学生互帮互助、共同进步，其次，要鼓励学生善于学习、尊重他人，勇于提出自己的想法和意见，当成绩欠佳的学生提出的问题不在点子上时，要给予热情的鼓励和帮助；再次，要使讨论体现全面性和开放性。尽可能保证每个学生都有发言的机会。提倡把先发言的机会让给学习较差的学生。教师要巧妙点拨，使学生间能够取长补短，使每个人都体验到集体探索的成功的喜悦。

三是拓展互惠空间。"相观而善"的互惠式教学应有一个大的教学环境，这个教学环境就是师生多向互动互惠的课堂。课堂教学只有成为一个以人际互动为中心、各种动态因素之间多向互动互惠的过程，才能为互惠式学习提供大的背景性支撑。它既包含师生互动互惠，又包含生生互动互惠。这种师生间的互动绝不仅仅指教师启发学生的"动"，这种师生间的互惠绝不仅仅指教师使学生受益，而且包含了学生对教师的"促动"。首先，要使学生明确方向，使其能够运用已有知识对问题进行独立思考，实现学生个体自身的"动"；其次，教师要善于启发学生思考，引导学生进行相互讨论，实现教师对学生的"动"以及"生生互惠互动"；再次，要引导学生在思考和互动中发现新的问题，并提出问题，引发教师与学生个人、学生学习小组、全班学生间的大讨论，从而达到"师生互动、生生互动"的状态；最后，通过信息交流，师生互教互学，形成一个真正的"学习共同体"。这样的教学过程对教师而言，上课不再是简单地传授知识，而是一起分享理解；上课也不再是无谓的牺牲和浪费时间，而是生命活动、专业成长、自我实现的过程，教师在促进学生知识、能力、思想道德水平提高的同时，也提高了自己。

当然，"相观而善"并不是简单地认为学友间的任何交往都会是互进有益的，相反它提醒人们，如果结交的是些酒肉朋友，那就会使人忘却老师的教训，忘却学习，荒废学业。《学记》对这个问题的难能可贵的看法，也是值得我们今天的教学借鉴和提倡的。

《孟子·尽心上》——登山小鲁

【原文】

孟子曰:"孔子登东山①而小鲁,登泰山而小天下,故观于海者难为水,游于圣人之门者难为言。观水有术,必观其澜。日月有明,容光②必照焉。流水之为物也,不盈科不行;君子之志于道也,不成章③不达。"

——《孟子·尽心上》

【注释】

①东山:即蒙山,在今山东蒙阴县南。②容光:指能够容纳光线的小缝隙。③成章:《说文》解释,"乐竟为一章。"由此引申,指事物达到一定阶段或有一定规模。

"登东山而小鲁,登泰山而小天下。"这是胸襟的拓展,境界的升华。从教学改革的角度来看,这里包含两个方面:一方面是登山眼光,立志要高远,胸襟要开阔,目标要清晰;另一方面是登山精神,基础要扎实,意志要坚定,行动要刻苦。登山眼光和登山精神是教学生涯中教师亟须的基本素质。

先说登山眼光。要做一个学有所成的人,必须先认真地、仔细地做好自己的"教学登山"规划,给自己定一个远大而切实的教学目标。教学目标的基调当然是

"向上"的，可因人（执教者与学习者）因时（教学时间段）因事（教学内容）而异，短者一课时、一星期、一学期，长者一学年、一个学习阶段（小学、中学、大学）乃至一辈子；小者一组字词、一道习题、一篇课文，大者一个学科、一门专业、一个方面（德、智、体、美、劳），张弛有度，详略得当。这个目标不能太低，不能让自己马马虎虎、一蹴而就，以至于白耗了精力与青春，要有一定的难度；也切忌好高骛远，目标虚高，对自己的估计不要超过实际情况，应该谨记过犹不及、物极必反的道理，过高的登山目标会使自己看不到成功的希望，尝不到拼搏的喜悦，从而意志消沉，一蹶不振。恰如其分的教学目标应是在登山过程中有汗水的付出，有努力的记录，有饱尝"苦其心志"、"劳其筋骨"的艰辛，在"会当凌绝顶"时沉浸在"登山小鲁"、"小天下"的畅快。

再说登山精神。常说"山不喜平"。登之而"小鲁"、"小天下"的山更是险峻，登山的现实往往比预期的情况要艰辛百倍。山路崎岖，山崖陡峭，既是一步一风景，也是一步一考验——知识的拓掘，习惯的纠结，精力的续替，诱惑的干扰……无一不在考量登山者的意志与耐受力。只有通过这种考验的人才会登向山顶，去体会真正的喜悦和欣慰。而一个有坚定信念和远大志向的人，会把这样的考验当作人生价值的体验。因此在"教学登山"的过程中，不但要有"君子之志于道也，不成章不达"的胆识，更要有"日月有明，容光必照焉。流水之为物也，不盈科不行"的执着——太阳和月亮的光辉不放过任何一个能够容纳光线的小缝隙，流水不放过任何一个坑坑洼洼，教学登山不放过任何一个向上攀登的阶梯，不马虎，不敷衍，不放松，脚踏实地，步步为营，昼夜不舍，终至通达。

我们的教学改革太需要这样的"登山眼光"和"登山精神"。

《孟子·离娄上》——离娄之明

【原文】

孟子曰:"离娄①之明,公输子②之巧,不以规矩,不能成方圆;师旷③之聪,不以六律④,不能正五音⑤;尧、舜之道,不以仁政,不能平治天下。今有仁心仁闻而民不被其泽,不可法于后世者,不行先王之道也。故曰:徒善不足以为政,徒法不能以自行。

——《孟子·离娄上》

【注释】

①离娄:相传为黄帝时人,目力极强,能于百步之外望见秋毫之末。②公输子:即公输班,鲁国人,所以又叫鲁班,古代著名的巧匠。③师旷:春秋时晋国的乐师,古代极有名的音乐家。④六律:中国古代将音律分为阴律、阳律两部分,各有六种音,六律即阳律的六音。⑤五音:中国古代音阶名称,即宫、商、角、徵、羽。

孟子实施仁政的要求主要是两点:一是"法先王",二是选贤才。这两点都已不是什么新思想,而近乎老生常谈。倒是所谓"不以规矩,不能成方圆"的说法,成为了人们在生活中常用的格言警句。

俗话说，国有国法，家有家规。家国如此，教学管理更是如此。在现代教育中，教学管理是学校教学工作的重要组成部分，是教学的组织保障。教学管理的好坏，直接影响到学校的教学质量的高低。因此，必须主动改进教学管理思路，把全面配合和推进教学改革作为教学管理的重要任务。其中要点有三：

一是更新教学管理观念。传统的教学以传授知识为目的，以教师和课本为中心，没有把学生视为学习的主体，以填鸭式灌输为主的教学方法，把学生当成知识的接收器，忽视了对学生学习思维方法的训练。教学管理则"从一而终"，强调整齐划一，缺乏弹性；注重过程管理，学生的个性发展没有得到重视，这种陈旧落后的教学管理观念，不利于创新人才的成长。要提高人才培养质量，就必须树立现代的教学管理观念，教学目的以人为本，教学过程以学生为主体，教学内容上优化课程体系，拓宽学生视野，教学组织上建立师生共同探讨、共同发展的新机制，教学方法上加强实践环节，教学手段上充分利用现代化教育技术。

二是变革教学管理机制。教学改革需要突破旧的教学观念、教学组织形式、驾轻就熟的教学流程、千百年来约定俗成的教学法则。各类内容的教学改革需要以对应的教学管理制度改革作为保障。所以开展教学改革就必须改革教学管理思想和教学管理制度，为教师创造良好的教学环境，为学生创造宽松优良的学习环境，形成一种充满活力的、对培养新型人才发挥保障作用的、丰富多彩的教学管理机制。

三是改善教学管理环境。开展教学改革需要打破原来的教学格局，探索一些新的教学模式，大到整个教学体系，具体到各个教学环节、每门课程的设置。对此，教学管理措施就显得非常重要，是鼓励还是限制？是创造条件还是放任自流？结果会截然不同。因为整体教学改革虽然是大势所趋，但是具体的教学改革探索又是极其脆弱的，非常需要一个宽松、适宜的改革环境，包括政策、气氛、机制等，其中教学管理环境尤其重要。具体的教学管理工作要顺乎当前教学改革的总体要求，要从宏观上引导教学改革方向，也要解决教学改革中遇到的具体问题，为教学改革创造软硬件条件。

《礼记·学记》——学者四失

【原文】

学者有四失①,教者必知之。人之学也,或失则多,或失则寡,或失则易②,或失则止③。此四者,心之莫同也④。知其心,然后能救其失也。教也者,长善⑤而救其失者也。

——《礼记·学记》

【注释】

①失:过失。②易:简单。③止:遇到困难就停止不前。④心之莫同也:心理各有不同。⑤长善:长,用作动词,发扬;善,长处。

"长善救失"是我国古代重要的教学原则之一。

在教学改革中,教学理念主要是以人的生成发展为价值取向,以动态的交往实践为基本特征,以多重主体性为运作方式,以多元化为基本开发向度的理念,培养全面和谐发展的社会主义建设者。在我国现阶段的教学原则中,已没有"长善救失"这一提法,"长善救失"所内含的积极思想却实实在在地包含在教学原则中,但其真正内涵却总是被一些人误解误用。例如:以"因材施教"为名,根据成绩的好坏,把不同的学生分成"快慢班",或者在同一个班级按"名次排位"。这些做法完全违背了"长善救失"的教学理念。

传统教学原则中的"长善救失"都是应用于教学中教的方面，而非学的方面。其实"长善救失"的应用范围不仅仅是在"教"的方面，在"学"的方面，也有非常积极的意义。

首先是教师提升自己需要"长善救失"。教师要懂得教学的辩证法。现今社会上各种各样的教师培训对提升教师教育能力起了重要的作用，但并不是决定性的作用。外因是变化的条件，内因是变化的根据，外因要通过内因才能起作用。提升教师的教学能力不能只依靠外界的力量，关键还要靠教师本人，发现学生的长处与短处，然后利用自己的特点来不断地学习，丰富自己的科学文化知识，提升专业教学能力，找到自己吸引学生的优点，和学生打成一片，学生自然就好学、乐学，教师才能成为一名学识丰富的专家型教师。

其次是学生认识自己需要"长善救失"。学生在学习的过程中往往埋怨老师不是"伯乐"，总是感叹"伯乐型"的教师太少了，社会上对于教育的失败也总是把责任归罪于教师。其实，这是不公平的。教学是一种双向的活动，不管老师的教学方法是如何的高明，如果学生不学，那么教学活动就无法启动，教学效果更无从谈起。学生在学习中处于主体地位，是学习动机激发的内因，应深刻地了解自己的优缺点，意识到自己的缺陷并及时弥补，明确自己的学习目的，发挥自己的长处，改变自己的短处，培养良好的学习习惯，把被动学习变为主动学习，讲究求学的计划性、兴趣的持久性、学习的高效性，顺着自己的优势和有利于自己发展的方面去发展自己。这些都是对"长善救失"所隐含的辩证法的最佳诠释。

"长善救失"的教学原则，历经了几千年的实践检验，时至今日，仍不失它的积极意义。

《白虎通义·情性》——见微知著

【原文】

智者，知也。独见前闻，不惑于事，见微①知著②者也。

——（汉）班固《白虎通义·情性》

【注释】

①微：微小。②著：明显。

见微知著，意指看到微小的苗头，就知道可能会发生显著的变化。

如果说见微知著是一种小中见大的契机，那么在当前的课堂教学活动中，这样的契机可谓是遍地流金。课堂教学过程中的许多问题尽在见微知著的辐射之中。

问题一：课堂教学中"度"的把握。"度"指恰到好处的程度。课堂教学中只有充分把握好"度"，才能取得最佳的教学效果。一是教学速度。速度过快，超过学生一般的接受、消化速度，学生难以吸收；速度过慢，结构松散，学生容易形成刺激疲劳，注意力分散。二是教学坡度。坡度过大，学生无法接受，容易产生惧怕心理和厌学情绪；坡度过小，则容易使学生有"轻而易举"之感，不利于学生求知的意志和品格的培养。三是教学密度。密度过大，势必影响知识的吸收；密度过小，不但白白浪费教学时间，而且会造成学生知识面狭窄。四是教学深度。既要摁弃那种照本宣科的讲述，深挖教材中培养学生能力和技能的内容，又不能故弄玄虚，故作高深。

问题二：课堂讨论中对误区的剔除。课堂讨论是一种重要的教学方法，但容易陷入一些误区。一是讨论题选择不恰当。讨论题应具有探讨性、争议性，难易要适当，太难了，大家只能望题兴叹，讨论不起来；太容易了，一下子就得出共识，也没有讨论的必要。二是讨论时离题，转移讨论中心。三是讨论为少数学生所把持，多数学生往往只能"旁听"。

问题三：教师主导作用的矫正。无论是导入新授还是复习巩固的环节，教师还是在唱主角。学生的"主体"积极性并不曾真正被调动起来。

不是说见微知著吗？从课堂教学过程中的这些细"微"问题，就可知课堂教学质量之"著"的不尽如人意。因此，我们的课堂教学一定要从"微"处找根由，以"著"为目标，充分发挥学生的主体作用。

一是让学生去讨论。学生之间相互帮助，对不同的认识开展直率的讨论，并明确而又充满信心地发表个人的意见。

二是让学生去思考。教师提出问题后，给学生一定的思考时间。研究发现，延长思考时间或曰"冷场"，给学生思考提供机会，对发展学生的理解能力大有帮助。

三是让学生自己去辅导。组织那些已经掌握了教材内容的学生，对其他学生进行个别辅导帮助。这样既帮助了同学，又提高了自己。

四是让学生去练习。强调练习的针对性：针对教学的任务，针对每节课的教学目的，针对教材本身的要求，针对学生学习中存在的问题。

课堂教学要见微知著，发挥学生的主体作用，通过讨论、思考、辅导、练习等教学模式激发学生的学习内驱力和主动学习的能力，从而有效地提高教学效率。

《诗经·小雅·采芑》——陈师鞠旅

【原文】

鴥①彼飞隼②,其飞戾③天,亦集爰止④。方叔莅止,其车三千,师干之试。方叔率止,钲人⑤伐鼓,陈⑥师鞠旅。显允⑦方叔,伐鼓渊渊⑧,振旅⑨阗阗。

——《诗经·小雅·采芑》

【注释】

①鴥(yù):鸟飞迅疾的样子。②隼(sǔn):一类猛禽。③戾:到达。④止:止息。⑤钲人:掌管击钲击鼓的官员。⑥陈:陈列。鞠:训告。⑦显允:高贵英伟。⑧渊渊:象声词,击鼓声。⑨振旅:整顿队伍,指收兵。阗(tián)阗:击鼓声。

出征之前,集合军队发布动员令;将士勇猛,斗志昂扬,战鼓如雷,战车如云,阵法精彩,军威大振。如果说教学改革是一场出征,那么我们也当对教学军团来一番"十大检阅"——

教师基本功的检阅。"教师基本功"包括:基本素质(师德素质、人文素养),基本知识(教育理论、学科知识、心理学知识等),基本能力(包括学习能力、科研能力、解决问题能力、写作能力、组织教学能力、协作能力等），基本技能（主要指教育教学方法）。

教学基本功的检阅。主要包括八项：把握教材的基本功，备课的基本功，运用教学语言的基本功，设计板书的基本功，应用现代教学技术的基本功，学科专项基本功，组织教学基本功，教学评价基本功。另有教学基本功说法为五个字：讲、写、作、画、演。

课堂教学语言的检阅。课堂教学语言类型有：叙述性语言、论证性语言、评判性语言、演示性语言。特点具有：明确的目的性，鲜明的针对性，灵活的启发性，明显的学科性，独白和对话的结合性，个人风格和共性语言的统一性。课堂教学语言的运用原则包括启发性原则、情感性原则和生动性原则。

课堂教学应变方法的检阅。包括：趁热加工法，冷却处理法，以静寓动法，幽默带过法，巧妙暗示法，虚心宽容法，随机调整法，顺水推舟法，将错就错法，妙解巧辩法，就地取材法，幽默激趣法等。

课堂教学设计的检阅。包括：活动设计，如讲授、小组讨论、全班交流、提问、操作、表演、示范、观察、辩论、游戏、练习等；问题设计，要具有操作性、指向性。细节设计，把握学情，环环相扣，螺旋上升，最终实现阶段总目标。

关于教学反思的检阅。教学反思的凭借：教育理论，教学效果，教学行为，学生收获，评价标准，教材教本。教学反思的内容：成功之处，不足之处，教学偶得，再教设计。

教学反思贵在及时、贵在坚持，以写促思，以思促教。长期积累，必有收获。

"方叔"的战前演习展示了强大的战斗力，这样的征伐肯定是战无不胜；当前教学改革的"陈师鞠旅"更是实力雄厚，这样的战役肯定是所向披靡。

[1] 曹长德.启发式教学论[M].合肥：中国科学技术大学出版社，2011.

[2] 蒋敏杰.用启发式打开学生思维的按钮[J].中国科教创新导刊，2008（08）.

[3] 高亚娟.不愤不启 不悱不发：浅谈自主学习[J].教育教学论坛，2012（03）.

[4] 姚淦铭.孟子智慧[M].济南：山东人民出版社，2013.

[5] 王淑霞.论《孟子》中的教育方法[J].管子学刊 2004（03）.

[6] 陈立夫，李响.四书中的常理[J].读书文摘，2008（12）.

[7] 李如密.儒家教育理论及其现代价值[M].北京：中华书局，2011.

[8] 刘春梅.孔子因材施教思想探微[J].河南工业大学学报（社会科学版），2006（01）.

[9] 李德富，刘梅.从《论语》看孔子的因材施教思想[J].沧桑，2009（01）.

[10] 傅佩荣.孟子的智慧[M].北京：中华书局，2009.

[11] 余家菊.孟子教育学说[M].北京：首都师范大学出版社，2010.

[12] 陈增辉.孟子教育思想试评[J].天津师范大学学报（自然科学版），1980（03）.

[13] 高时良.学记研究[M].北京：人民教育出版社，2012.

[14] 刘太阳.正业、居学与游息[J].江西教育，1981（11）.

[15] 陈莉兰.《学记》的教学理念[J].济南教育学院学报，2003（03）.

[16] 袁行霈.中国文学史[M].北京：高等教育出版社，2005.

[17] 蔡先金.孔子诗学研究[M].济南：齐鲁书社，2006.

[18] 安奇贤.孔子诗学"兴观群怨"内涵及价值[J].甘肃高师学报，2012（01）.

[19] 周婷.《学记》教育智慧品读[M].吉林：吉林大学出版社，2008.

[20] 吴国联.谈《学记》的教学原则及其现实意义[J].大连教育学院学报，2000（01）.

[21] 谭咏梅.论"教学相长"涵义的历史演变[J].湖南师范大学，2005（09）.

[22] 林语堂.孔子的智慧[M].北京：群言出版社，2010.

[23] 吴蕴慧.《礼记·学记》对于现代教育的启示[J].语文学刊,2011(02).

[24] 朱荣智编著.改变一生的庄子名言[M].北京:中国铁道出版社,2010.

[25] 顾明.论庄子"行不言之教"的教育思想[J].现代教育论丛,2008(11).

[26] 李向奎.行不言之教[J].青年教师,2013(11).

[27] 杨天宇.礼记译注[M].上海:上海古籍出版社,2004.

[28] 张自慧.从《礼记·学记》看为师之道[J].现代大学教育,2005(05).

[29] 吴蕴慧.《礼记·学记》对于现代教育的启示[J].语文学刊,2011(02).

[30] 严全成.文以载道[M].北京:中国文联出版社,2009.

[31] 司马云杰.论文以载道[J].美与时代,2007(02).

[32] 钱凤.厚积薄发与文以载道——课堂教学浅析[J].新课程导学,2014(30).

[33] 李振泉.从继声到继志:北京工大教学督导文集[M].北京:北京工大出版社,2012.

[34] 朱晓琴.讲究语言技巧 提高教学效果[J].生活教育,2009(01).

[35] 张御梅.善歌继声、善教继志——语文课堂导语艺术[J].武汉:神州,2013(14).

[36] 其仁.春风风人,夏雨雨人[J].教师博览,1995(09).

[37] 严寅贤.让教育的春风风人[J].教书育人,2000(17).

[38] 丁邦润.春风风人:班主任批评艺术的最佳境界[J].教育文汇,2010(02).

[39] 梁彩霞:春风风人,享受教学[J].教育文汇,2011(10).

[40] 杨柳桥.荀子诂释[M].济南:齐鲁书社,1985.

[41] 王先谦.荀子集解[M].上海:上海书店,2001.

[42] 孙安邦、马银华.荀子[M].太原:山西古籍出版社,2003.

[43] 李寅生."五经"名篇赏析[M].北京:科学出版社,2014.

[44] 孙伟儿.试论《学记》的人文价值[J].浙江师范大学学报,2004(03).

[45] 李虹.《学记》中的教学方法浅析[J].学习月刊,2011(02).

[46] 周顺海.为师焉能不知《学记》[J].师道,2014(10).

[47] 陈鼓应.庄子今注今译[M].北京:中华书局,1983.

[48] 孙明君. 庄子哲学中的三重人格境界 [J]. 齐鲁学刊, 1996（05）.

[49] 柴树珍. 顺应学生思维 注重因势利导 [J]. 数学教学研究, 2005（08）.

[50] 宋洪兵, 孙家洲. 韩非子解读 [M]. 北京: 中国人民大学出版社, 2010.

[51] 孙学广. 从"蚁穴决堤"说开去 [J]. 党员干部之友, 2007（03）.

[52] 胡东宽. 韩非子《解老》《喻老》的解释进路 [J]. 中山大学研究生学刊（社会科学版）, 2003（01）.

[53] 许建立. 韩非子《解老》《喻老》篇阐微 [D]. 山东大学, 2012.

[54] 李华兴, 吴嘉勋. 梁启超选集 [M]. 上海: 上海人民出版社, 1983.

[55] 吴永余. 最紧要的是拿方法教给学生——浅谈如何划分段落 [J]. 天津教育, 1983（05）.

[56] 范辉, 王先福. 授人以鱼不如授人以渔 [J]. 语文教学与研究, 2011（02）.

[57] 谭绍奇, 王旭. 论梁启超的教育思想及其当代价值 [J]. 大家, 2011（04）.

[58] 张双棣主编. 吕氏春秋译注 [M]. 长春: 吉林文史出版社, 1986.

[59] 疏闻. 取长补短 [J]. 民间文学, 2011（10）.

[60] 孔丘著, 李远译. 轻阅读: 中华儒学第一经·论语 [M] 北京: 高等教育出版社 2012.

[61] 路炳明. 对"有余力, 则学文"的新解读 [J]. 现代语文, 2012（03）.

[62] 杨建立主编. 教育教学论坛 [M]. 北京: 中国档案出版社, 2006.

[63] 刘振宇. 论《学记》中教育思想的现代转换及其超越 [J]. 学术交流, 2005（03）.

[64] 黎军, 金荷香. 论《学记》的教育管理思想及现实意义 [J]. 煤炭高等教育, 2006（05）.

[65] 张明仁. 古今名人读书法 [M]. 北京: 商务印书馆, 2007.

[66] 马国征. "夸多斗靡"之风可以休矣 [J]. 江南论坛, 1994（05）.

[67] 张书丰. 中国古代教育精粹的现代解读 [M]. 济南: 山东人民出版社, 2005.

[68] 郑能波, 董学武. 卢梭、王阳明儿童教育思想之比较 [J]. 浙江海洋学院学报（人文科学版）, 2006（04）.

[69] 车运景. 探析王阳明"致良知"教育哲学思想 [J]. 继续教育研究, 2008（01）.

[70] 李镇西. 爱心与教育 [M]. 成都: 四川少年儿童出版社, 1998.

[71] 戴锐. 新教师职业适应不良及其防范 [J]. 教育探索, 2002（04）.

[72] 夏益军. 中国古代教育家教学思想的回眸与反思 [J]. 船山学刊, 2004（02）.

[73] 郭思乐. 教育走向生本 [M]. 北京: 人民教育出版社, 2001.

[74] 卫慧芳. 浅论实施均衡教育对学生均衡发展的影响 [J]. 山西师大体育学院学报, 2009（02）.

[75] 翁文艳. 教育均衡内涵发展的综合路径探析 [J]. 教育发展研究, 2011（12）.

[76] 石中英. 知识转型与教育改革 [M]. 北京: 教育科学出版社, 2001.

[77] 于伟. 教育观的现代性危机与新路径初探 [J]. 教育研究, 2005（03）.

[78] 余家菊. 孟子教育学说 [M]. 北京: 首都师范大学出版社, 2010.

[79] 徐斌. 孔子登东山小考 [J]. 齐鲁学刊, 1993（06）.

[80] 王贞志, 马奇柯. 如何对青年进行励志教育 [J]. 中国青年研究, 2006（08）.

[81] 黄崴. 教育管理学 [M]. 北京: 中国人民大学出版社, 2009.

[82] 刘秀兰. "活"须有规矩"动"乃成方圆 [J]. 小学教学设计, 2004（C3）.

[83] 邑西. 不以规矩 不成方圆 [J]. 温州瞭望, 2007（21）.

[84] 李秉德. 教学论 [M]. 北京: 人民教育出版社, 2001.

[85] 李艳华. "长善救失"教学原则的今日解读 [J]. 北京教育, 2004（12）.

[86] 胡掌义. 长善与救失 [J]. 现代教育科学, 2010（08）.

[87] 刘春声. 见微知著集 [M]. 北京: 中国文史出版社, 2009.

[88] 岳双才. 以小见大 见微知著 [J]. 新闻三昧, 2004（11）.

[89] 何宏祥. 见微知著想在先 [J]. 云南社会主义学院学报, 2007（02）.

[90] 陈高春. 中国古代军事文化大辞典 [M]. 北京: 长征出版社, 1992.

[91] 周玉秀. 论《诗经》中的互文见义法 [J]. 甘肃社会科学, 2011（06）.

[92] 姚丽. 从"钲人伐鼓"看"钲"在古代社会中的应用 [J]. 边疆经济与文化, 2006（11）.

第三章 中国经典之教师观

《师说》——传道授业

【原文】

古之学者①必有师。师者,所以传道②、授业③、解惑也。人非生而知之者,孰能无惑?惑而不从师,其为惑也,终不解矣。

生乎吾前,其闻道也固先乎吾,吾从而师之;生乎吾后,其闻道也亦先乎吾,吾从而师之。吾师道也,夫庸知其年之先后生于吾乎?是故无贵无贱,无长无少,道之所存,师之所存也④。

——(唐)韩愈《师说》

【注释】

①学者:求学的人。②道:指儒家孔子、孟轲的哲学、政治等原理、原则。③业:泛指古代经、史、诸子之学及古文写作。④道之所存,师之所存也:知识、道理存在的(地方),就是老师存在的(地方)。

《师说》是韩愈的一篇著名论文。据考证,此文韩愈作于35岁,时任国子监四门博士。当时在门第观念影响下,"耻学于师"的坏风气弥漫。士族子弟凭门第可以做官,他们不需要学习,也看不起老师,他们尊"家法"而鄙从师。韩愈反对这种错误的观念,提出以"道"为师,"道"在师即在,这是有进步意义的。

"师者，传道、授业、解惑也。"这是我们耳熟能详的名言。它在我国教育史上首次界定了教师的职能，全方位多角度阐述了教师与学习的重要性。"传道、授业、解惑"的理论，突破了古代教育"唯德至上"的观点，把"授业"摆到了核心的地位，同时还强调教师要为学生解疑释惑，较之"师道尊严"的狭隘教师观，它显然富于民主思想。"传道、授业、解惑"的教育思想，比较接近现代教育中的教师观。

韩愈的教师观十分强调教师的重要作用。"古之学者必有师"，对"无师自通"的悖谬之论给予贬谪，而且直露地指出教师的三大功能：传道、授业、解惑。他的教师观也十分开放，认为老师可以不分长幼尊卑，即使是"生乎吾后，其闻道也亦先乎吾，吾从而师之"，意指无论地位如何，无论辈分如何，无论资历如何，只要道理存在，就可以成为我的老师。此外，韩愈还揭示了轻视教师之风的极大危害，提倡教师应当讲究正确的教法和学法。他甚至提出人各有所长而应当相互学习，即便是师生之间也要相互学习。这些思想，既有古代教育思想的影子，也有新锐教育的创新因子。

无论古代还是现当代，教师无疑是学校教育的主导力量，没有教师也就无从谈教育。作为现代学校的教师，应当深明大义，不遗余力地担负起为师的职责。一是要有"传道"的担当。把育人放在最突出的地位，用民族文化的精华与时代文明的元素教育学生，引导学生，培养学生。二是要有"授业"的担当。教师应当自觉地积累和储存丰富的知识，以学富五车的学识魅力倾倒学生，以鲜活的学养传导学生，使学生生成更具活力的学养。三是要有"解惑"的担当。如今的学生见多识广，教师要具备"解惑"之力，非高瞻远瞩不可，除了有广博的吸储力外，还应当有足够的智慧。

《文心雕龙·宗经》——韦编三绝

【原文】

夫《易》惟谈天，入神致用。故《系》称旨远辞文，言中事隐；韦编三绝①，固哲人之骊渊②也。

——（南北朝）刘勰《文心雕龙·宗经》

【注释】

①韦编三绝：韦，熟牛皮。古代用熟皮来做绳编连竹简。《史记·孔子世家》载，孔子晚年反复阅读《易经》，穿订竹简的牛皮条都断了三次。
②骊渊：藏骊珠的深渊，喻指才思文辞的渊源。

正确的教师观认为，教师并非只督导学生读书。作为一名教师，不断提高自己的综合素质是终身不懈的追求。读书正是提高综合素质的有效途径之一。当然，现在书籍的印刷装潢已远非竹简牛皮条之类可比，而强调孔子"韦编三绝"也并非要教师亦步亦趋去效仿孔子，我们强调的是孔子"韦编三绝"的追求学问的精神。

近期的国民阅读现状调查显示，我国人均每年读书量尚不足以色列的十分之一。教师的读书量也比从前大幅缩水。而读书量的匮乏并非意味着"质"的提升，最能代表深度阅读的纸质图书阅读量持续在低位徘徊。

古人读书讲求"韦编三绝"。专职教师孔子晚年研读《易经》，反复研究揣摩，几次编订加注，在区区几千字的《易经》中加注了洋洋洒洒数万言的《易传》，以至编串竹简用的牛皮绳断了数次。孔子用自己读书的态度演绎了"韦编三绝"的故事，而也正是"韦编三绝"的精神才造就了他在中国文化史上的重要地位。眼下，包括教师在内的国民深度阅读的"质"与"量"都低得可怜。难道在新时代，我们就不需要"韦编三绝"了吗？

随着获取知识的方式变得迅速和多元化，深度阅读被"文化快餐"取代。书店一层大厅的畅销书架前人流回旋，而书店顶层的经典著作却很少有人问津。偶尔有人购买，往往也是摆在客厅的书橱中充充门面而已。"韦编三绝"的人少了，值得"韦编三绝"的书也不多。

值得指出的是，在读书量本来就不足的情况下，人们更习惯于"外事问谷歌，内事问百度"。搜索引擎已然替代了人们独立思考、寻找和获取知识的能力。在搜索面前，我们都"弱智"了。诚然，搜索引擎带来的便利是以往任何工具所不能替代的。但是搜索引擎替你搜到知识的同时，也忽略了大量的有效信息。断章取义，盲人摸象，我们在搜索引擎中只能看到知识世界的一个个零碎的点，却丢掉了整个世界。

在没有引擎，没有网络的时代，甚至是纸质出版物都匮乏的年代，人们总是可以进行"韦编三绝"式的阅读。读书人大多可以背下整部著作。引经据典可以信手拈来，毫不费力。钱钟书在乘船出国的途中，细致阅读英文字典，一时间成为美谈。可以说，适时舍弃当代生活的便利工具，重拾"韦编三绝"式的"笨"办法，我们可以看到一个更丰富多彩的世界。更重要的是，"韦编三绝"的追求学问的精神，将大大丰富每位老师的知识宝库。

深度阅读带来的乐趣，并非学问家所独享。作为教师更应当深入反复读上几本好书。不附庸风雅，不浅尝辄止。以"韦编三绝"的态度来进行深度阅读，是教师的"本色"之一。

《庄子·秋水》——大方之家

【原文】

秋水时至，百川灌河。泾流之大，两涘渚崖之间，不辩牛马。于是焉河伯欣然自喜，以天下之美为尽在己。顺流而东行，至于北海，东面而视，不见水端。于是焉河伯始旋①其面目，望洋向若而叹曰："野语有之曰：'闻道百，以为莫己若者。'我之谓也。且夫我尝闻少仲尼之闻而轻伯夷之义者，始吾弗信。今我睹子之难穷也，吾非至于子之门则殆矣，吾长见笑于大方之家②。"

——《庄子·秋水》

【注释】

①旋：转，改变。 ②大方之家：原指懂得大道理的人，后泛指见识广、有学问的人。

庄子的这则寓言给了我们深刻的启迪。宇宙无穷，知识无穷，山外有山，天外有天。不要拘泥于一己之见而固步自封，要保持谦虚的美德，谦受益，满招损。自大是由于无知。只有不断地超越自己，才会有所发展。因此，学无止境，那些坐井观天、孤陋寡闻、固步自封、骄傲自满的认识是十分有害的。

作为教师，肯定有"一技之长"——或专科知识丰富，或教学能力突出。但这并不能成为"欣然自喜"、骄傲自满的理由。须知山外有山，人外有人，人贵有自知之明，如果盲目骄傲自大，就难免会贻笑大方。因此，教师须从以下几个方面慎之戒之。

戒学而不恒。当今时代，社会快速发展，科技突飞猛进，信息不断更新，人们所掌握知识的"保质期"越来越短，昨天的人才不能保证就是今天的人才，昔日的经验不能保证会解决今日的问题，现在的知识也不能保证会适用于将来。在这种形势下，如果不克服自满情绪，不持之以恒开展学习，势必造成知识快速老化、思想逐步僵化、能力不断退化。只有活到老、学到老、提高到老，才能不断适应新形势、完成新任务。

戒学而不深。所谓学而不深，就是囫囵吞枣、不求甚解，学到一点皮毛就以为掌握了精髓和真谛。克服这种自满情绪，需要发扬"钻研"的精神。"钻"者，锐利而突破也；"研"者，磨砺而细化也。不懂不要怕，钻而且研之。不断学习并掌握新知识、新理论、新技能，需要坚持钻研，在悉心钻研中把观点搞清楚、把原理弄明白，做到学有所得、学有所成。

戒学而不化。学而不化，即使学得再多也不会有益处，甚至还会因为曲解理论而误导教学、贻误事业。学而能化，关键在于加强思考。思考是一个去粗取精、去伪存真、由表及里的思想活动过程，是把书本上有益的养分转化为自己的素质能力的过程。只有常思考、常总结、常积累，学习才能常有收获，思想才能常有进步，工作才能常有创新。

戒学而不用。学的目的是用，即实践、运用。只学不用，就会陷入"本本主义"。是不是真学、善学，关键在于能不能用理论解决问题，标准在于解决了多少问题、取得了多少成效。因此，应把学与用有机结合起来，做到学以致用，用以促学，学用相长。

戒骄而不悟。因为自己的一些成绩而沾沾自喜，这是人之常情。河伯的可贵之处是看到漫无边际的大海时，立即自我反省。而现实生活中很多人不是像河伯那样反省，而是羡慕嫉妒恨。这一点要好好向河伯学习，既不可以轻视比你差的人，更要向比你更优秀的人学习，学无止境，才会学有所成，成为教师队伍中的"大方之家"。

《尚书·泰誓》——天降下民

【原文】

天降下民①，作之君，作之师。②

——《尚书·泰誓》

【注释】

①天降下民：上天降生了老百姓。②作之君，作之师：又替他们降生了君王与师表。

中国人在过去都要供上一个牌位："天地君亲师"，把"师"的地位与天、地、君、亲并称，并写在同一牌位上供人膜拜，可见"教师"的地位之高。

中国是一个尊师重教的国度，同时传统的师德师风要求也非常之高。所谓师德，是对教师职业道德的简称。教师进行教育教学工作，处理各种关系应遵循道德准则和行为规范，包括教师的道德品质、思想信念，对事业的态度和感情及有关的行为习惯等等。师风就是教师这个行业的风尚风气。古往今来的教育实践对教师提出了多方面的要求。

一是以身作则，言传身教。教师的传统形象要求我们的教师以身作则，言传身教。道理很简单：正人先正己，教师的道德行为和作风正派，就是不发命令，学生也会执行；反之，学生不会听从。在"有言之教"和"无言之教"的结合中，应更加注重身教。教师提倡要学生做到的，自己必须先做到，不让学生做的，自己首先不做。

二是学而不厌，诲人不倦。教师自身要努力学习，永不满足；对学生则要勤奋教导，不知疲倦。就像孔子的学生对孔子的评价那样："学不厌，智也；教不倦，仁也。仁且智，夫子既圣矣。"

三是爱护学生，无隐无私。爱护学生、关心学生是一个教师成功必须具备的条件，也是师德的重要内容。一方面对学生为学与为人毫不保留，做到"无隐无私"。另一方面对学生爱护与关怀，形成一种严肃认真而又亲切自然的师生关系与尊师爱生的风尚。

四是讲究教法，循循善诱。教师要讲究教学方法，善于启发学生的心智。采用"温故知新"、"循循善诱"、"举一反三"、"闻一知十"等方法，有步骤地诱导学生，用各种文献来丰富学生的知识，用一定的规矩制度来规范学生的行为。实践证明，良好的教学能力、技巧，讲究原则方法，是教师必备的心理品质和教学技能。

五是爱岗敬业，为人师表。这不仅表现在课堂上，而且表现在生活中无数的细节中。教师的仪表端庄、朴实、整洁、大方、自然、风度优雅，可以给学生充实、稳重、积极向上的感觉；而生活懒散、衣冠不整、不讲卫生、粗言脏语等不良仪表和习惯，会有损教师的形象。在现实状况中，诸如不通过正常渠道反映问题而讲怪话、发牢骚，工作讲价钱、遇事争待遇，自律不严、形象不好、群众反映大，面对家长、学生态度粗暴或变相索拿礼品，违规补课等等现象，值得每位教师照照镜子、正正衣冠，有则须改，毫不含糊。那些爱岗敬业、爱生如子、严谨求实、无私奉献、以身作则、表里如一的教师总是会得到学生的肯定，并会影响学生终生。加强师德师风建设是时代的呼唤、社会的要求、群众的期望。

《礼记·学记》——古之学者

【原文】

　　古之学者，比物醜类①。鼓无当于五声，五声②弗得不和；水无当于五色③，五色弗得不章。学无当于五官，五官弗得不治。师无当于五服④，五服弗得不亲。

——《礼记·学记》

【注释】

　　①比物醜类：比较同类事物，以做到触类旁通。②五声：指古代音乐中的宫、商、角、徵、羽五大音阶。③五色：青、黄、赤、白、黑五中颜色。④五服：斩衰、齐衰、大功、小功、缌麻五种丧服，分别用以表示血缘关系的亲疏远近。

　　我国古代学者的确不乏智慧，能够聪明地通过一些寻常事例把深奥的道理想个透彻，用平易的语言表达得滴水不漏，还能具有现代意识。《学记》要求教师掌握的教学方法之一：比类，就是一个突出的例子。比类是比较同类事物，从而触类旁通，是一种有效的教学方法。显然，这样的教学方法对于今天的教师，也是必须掌握的教学"利器"。

第三章　中国经典之教师观

其实，《学记》中阐述的教学方式不仅这一种，它或正或反，对现代教师教学功力的增长都具有较大的裨益，诸如：

讲授式。教师如果全无真才实学，只满足于靠一点现学现教的知识来对学生进行"授"，当然不能担负起教师的责任；而且对教师"讲"的语言也有相应要求。教师的语言应简练而又透明，说理微妙而又精善，举例不多而诱导得体。这样，教师就能在优秀的"讲"与"授"中，调动学生积极参与的热情，启迪学生的思维，引领学生在美的语言艺术中自觉地、快乐地学习、求知，并达到开启心智、陶冶情操的目的。

问答式。教师在教学过程中的提问及答问之法也是颇有讲究的。善于发问能使问题迎刃而解，善于答问则能使答案余音绕梁。教师要能根据学生的认知规律、心理接受能力以及现有知识储备等方面的情况，由浅入深，由易入难，合理互动，学有所得。"问答法"切忌由"满堂灌"改为"满堂问"，陷入各种或简单过头或复杂不堪的问答之中。

启发式。教师要善于引导学生走，但不是牵着学生走；要严格要求学生，但不是强迫学生学；要开个端倪启发学生，但不是代替学生得出结论。比物醜类就是启发式教学的具体作法之一。一事物与另一事物表面上看来没有关系，但实际上事物之间都是存在联系的。只要教师有一双善于发现联系的眼睛，就能通过事物之间的类比触类旁通，从一事物的本质认识另一事物的本质，从而在教学过程中引以为用，拓展学生的思路，启迪学生的思维。

讨论式。为学生提供一个"思维无禁区"的舞台让学生之间相互讨论，取长补短，共同达成一个良好的学习目的。每个学生都是具有主体性、能动性、独立性的个人，由于家庭环境、思维方式、思考角度等方面存在不同，对同一问题的看法必然不同。教师应善于把握学生之间的差异性，鼓励"七嘴八舌"的讨论，让课堂成为学生自主学习、合作、探究的平台，在不断的"如切如磋，如琢如磨"中完善知识结构，提高思想水平。

《礼记·学记》——大德不官

【原文】

君子曰："大德不官，大道不器，大信不约，大时①不齐。"察于此四者，可以有志于学矣。三王之祭川也，皆先河而后海，或源也，或委②也，此之谓务本。

——《礼记·学记》

【注释】

① 大时：天时。② 委：众水汇集之处。

只有立足务本，才能"天马行空"。何谓教师之本？毫无疑问，我们教育的对象是学生，教育的目的是将学生培养成才，培养学生乃是根本。更好地教育和培养学生，乃是教师的务本之道。教师务本，要义有四。

一是变革。所谓"变"，就是教师要转变教学观念。这是实施教育创新，培养创新人才的关键。一要转变传统的"教师观"，树立"师生平等"的观念。二要转变传统的"学生观"，树立"以学生为本"的教学观。三要转变教育的"价值观"，树立"鼓励学生个性发展"的观念。所谓"革"，就是教师要改革教学过程。教师应在借鉴和吸收传统教学之精华的基础上研究和探索富有时代气息、合乎教育目的性、规律性的新思路、新方法来提高教学实效。一要改革课堂教学的组织形式，寻求促进学生能力发展的新形式。二要改革旧的课堂教学模式，构建以学习者为中心的多维互动的教学模式。如：诱思探究教学模式，实践体验教学模式，发展心理教学模式，合作学习教学模式，自主参与教学模式，等等。三要改革教学方法，创造多维互动的创新性课堂教学方法。四要改革教学评价，赋予学生评价成绩的权力。

二是务本。现实情况不是把文本看得太重，而是对文本的重视与钻研远远不够。要超越文本，首先必须研读文本，了解文本。如果教师对文本没有吃透，不了解编写意图，甚而至于南其辕而北其辙，何谈超越？有的教研组备课，一人备一个单元，然后互相交换，还美其名曰"资源共享"。现在大家谈预设与生成的很多。"生成"看似带有偶然性，其实精彩的生成离不开课堂的学习氛围，离不开学生思维的活跃程度。教师吃透了文本，有了合乎学情的预设，在课堂上才能引导得法，左右逢源，使智慧火花灿烂迸射。

三是求实。教师上课要倡导"三实"——真实、朴实、扎实。现在有的教师上课形式主义的东西不少，如不管需要不需要，都要使用多媒体，都要让学生表演；明明每人手里都有课本，却偏要把课文逐段打在屏幕上；明明自己朗读得很好，却偏要让录音机代劳。一堂课热热闹闹，却看不到扎实的训练。教师的教学研究也存在着追求浮华、不讲实效的问题。上研究课，追求观赏性、可看性，花样多了，务实少了。有些教学研究文章，追求所谓"学术性"，食"洋"不化，术语堆砌，故弄玄虚，让人读后不知所云。我们反对过去那些充斥课堂的繁琐、机械的训练，那些只对考试有用而对终生无用的"题海战术"，那些疲劳轰炸式的抄抄写写，连篇累牍地做模拟试卷……但属于基本技能的东西，基本的训练、科学的训练、活化的训练，还是要扎扎实实地进行的。

四是有度。教师应在调整和深化认识的基础上建立新的平衡。比如学习文本时，适当地拓展是必要的，但要防止拓展过度。比如对多媒体、表演的使用，要把握好一个"助"课的分寸，一定要慎用，用其当用，不可随便滥用。

《马说》——世有伯乐

【原文】

世有伯乐①，然后有千里马。千里马常有，而伯乐不常有。故虽有名马，祇辱于奴隶人之手，骈死于槽枥之间②，不以千里称也。

马之千里者，一食③或尽粟一石。食马者不知其能千里而食也。是马也，虽有千里之能，食不饱，力不足，才美不外见，且欲与常马等不可得，安求其能千里也！

策④之不以其道⑤，食之不能尽其材，鸣之而不能通其意，执策而临之，曰："天下无马。"呜呼！其真无马耶？其真不知马也！

——（唐）韩愈《马说》

【注释】

①伯乐：孙阳。春秋时人，擅长相马。现指能够发现人才的人。②骈死于槽枥之间：（和普通的马）一同死在槽枥间。骈，两马并驾，引申为一起。③食：同"饲"，喂养。④策之：鞭打马。策：马鞭，引申为鞭打，这里指鞭策，驾驭。⑤以其道：按照（驱使千里马的）正确的方法。

韩愈的一段《马说》，让人感慨重重。

首先，韩愈在通篇顺接逆转之中，层层深入，说明了识才、用才的重大意义；世上要多有伯乐，以不至于压抑人才、埋没人才。

其次，自韩愈《马说》始，后世把善于发现、推荐、培养和使用人才的人称为伯乐。而作为培育现代人才的伯乐——教师，理应如古之伯乐那样以发现千里马为己任。多元智能理论告诉我们：每个学生同时都潜藏着或拥有着多种智能，只不过每个人的认知、情感、意志、能力、记忆、理解、性格等都因人而异，教师就必须像当年伯乐相马那样精心、细致、独具慧眼。一方面时刻观察、对比、分析学生的一切，具体情况具体指导，多方位、多角度地给学生对症下药，积极评价，培养学生学习的主动性，实施充满爱心的引导教育，让"千里马"脱颖而出。另一方面，教师要加强自身学习，提高自身综合素质，正确认识学生，提高教学设计水平；改变教学方法，形成师生良性互动。

21世纪的中国需要更多的"千里马"，也就需要更多"伯乐"。愿每位教师都成为伯乐式教师，实施伯乐式教法，培育出更多的"千里马"。

《礼记·学记》——择师之道

【原文】

君子知至学①之难易，而知其美恶②，然后能博喻③。能博喻然后能为师，能为师然后能为长，能为长然后能为君。故师也者，所以学为君也。是故择师不可不慎也。《记》曰："三王④、四代⑤唯其师。"此之谓乎。

——《礼记·学记》

【注释】

①至学：求学。②美恶：这里指天资的高下。③博喻：广泛晓喻。④三王：指夏禹、商汤、周文王和周武王。⑤四代：指虞、夏、商、周四个朝代。

兴国靠人才，人才靠教育，教育靠教师。对这个道理大家都已耳熟能详了，所以"择师不可不慎"。如此重任压在教师肩上，教师靠什么来承担？

靠基本功。

相声演员要练好四项基本功——说、学、逗、唱，基本功不扎实就不能给观众以美好的享受。作为教师，也要练好教学的基本功，基本功不扎实就不能给学生以优质的教育。教师的教学基本功大致有这些——

学养。教师要尽量充实自己的知识：文化知识，专业知识，教学知识。仅仅靠死记硬背教本来应付教学，这样的学养水平显然是不够的。即使无法学富五车，但至少应能够将知识融会贯通，灵活运用。

书写。教师要写一手规范、美观、漂亮的汉字。特别是教师在黑板上的板书对学生影响很大。学生都有向师性，谁教的学生都带着谁的影子。从字上就可以看出。尽管随着教育技术的现代化，板书多已被"课件"代替，但多媒体替代不了所有的书写。况且书写过硬的教师，所具有的结构概念和板面意识，会使其制作的"课件"略胜一筹。

语言。教师的教学语言要简洁明了，具有启发性，有幽默感，学生爱听好记，最起码要让学生听明白。课堂不能缺乏教师的讲解，教师须讲得精当明了、深入浅出。这个说来容易做来难，需要教师长期锤炼。

备课。备课是一个艰苦的过程。充分的备课要吃透课文，确定目标，找准切入点，明确重点难点。教学步骤可以自己选择，现在网络发达，可以借鉴优秀教师的教法。当然可以自己设计教案，写一下教学流程，在课本上标一下重点、难点等。除此之外，备课还有大量的"外围"环节，需要精心斟酌，精心策划。比如创设什么情境，制作什么课件、图片，搜集什么资料，要学生搜集什么资料，给学生什么练习题等等，对此教师都需要运筹帷幄，胸中有数。

驾驭。常有教师在课堂上被学生大声喧哗、打闹惹得很生气，无计可施。这就涉及教师驾驭课堂的能力问题。教师要提高课堂驾驭能力首先要严格管理，给学生爱并不是放任自流，发展学生个性并不是任其肆意吵闹，要让学生懂规矩。"没有惩罚的教育是不完整的教育。"当然，需要学会批评惩罚的艺术。

更重要的是鼓励。当教师发挥赞扬、激励、赏识的驾驭能力时，学生会改变为另一个模样。

《春秋繁露·玉杯》——善为师者

【原文】

　　是故善为师者，既美其道，有慎其行，齐①时早晚，任多少，适疾徐，造而勿趋，稽而勿苦，省其所为，而成其所湛②，故力不劳而身大成。此之谓圣化，吾取之。

——（汉）董仲舒《春秋繁露·玉杯》

【注释】

①齐：同"剂"，调整。②所湛：指承担的工作。湛：同"耽"。

　　在教学过程中，教师是影响学生最积极最活跃的因素。教师既是教学组织者、管理者，更是学生的楷模。因此，教师尤其应该注意发挥自己的正能量，如董仲舒说的那样，既"美其道"，又"慎其行"，既能完善自己的道义，又要谨慎自己的行为。教师只有做到美其道，慎其行，才能受到学生尊敬，使学生信服。

　　当前绝大多数教师都在认真践行美其道、慎其行，但也存在一些问题。一是教学理念有偏差。或秉持"重教书、轻育人"的理念施教，分数至上，忽视德育；或把学习成绩当作衡量学生好坏的标准，偏袒"优生"，忽视"差生"；或把自己的角色定位为严师，相信"严师出高徒"，制造紧张的师生关系，对有过错的学生缺乏包容心、耐心和爱心。二是教学工作懈怠。或把教书育人的工作当作谋生的手段；或因教学质量长期无法提高而产生失落与懈怠；或因待遇较低、压力较大，在经济利益的诱惑下热衷于第二职业；或不愿主动学习探索新的教学方法，墨守成规，得过且过。三是自身德行缺失。或不注意形象，衣冠不整洁、仪表不端正、上课迟到早退、课堂打接电话、言行举止粗俗等；或不注意方法，对学生体罚与变相体罚，严重地摧残学生的心灵；或不顾及法纪，道德败坏，严重败坏"人类灵魂的工程师"的美好形象，产生极其恶劣的社会影响。

要做一个好老师，需要做到以下两方面：

一是教师自身应做出的努力。首先要进一步提升责任意识，敬业爱岗。要对教育事业有执著的献身精神，在其位，谋其职。其次要坚守道德情操，以身示教。坚持在教学生涯中既美其道，又慎其行，提高自己的道德品质和修养，用自身的高尚德行引领学生健康成长。实践证明，身教胜于言传。教师做什么比说什么更有力量，教师用自己的道德品质和文化素养积极地对学生施加影响，是任何教科书、任何奖惩都不能代替的教育力量。再次要坚持刻苦钻研，终身学习。教师不仅要对自己的专业认真钻研，还要博览群书，借鉴、吸收相关学科的最新成果，拓展自己的知识面。最后要坚持"以人为本"，践行教育公平。平等地对待每一个学生，在学习上或在生活中都要给予关心、理解、宽容、爱护，做到严中有爱、严中有理、严中有方、严中有度。

二是学校及社会方面协助推进。如构建教师队伍建设长效机制，加大教师培养培训力度，提高教师职业地位，保障教师合法权益等。

教师是教育的基石。一名合格的教师，应当继承和发扬优秀传统中的教学美德，做一名"既美其道，有慎其行"的"善为师者"。

《荀子·致士》——师术有四

【原文】

师术①有四而博习不与焉。尊严而惮②可以为师,耆艾而信可以为师,诵说而不陵③不犯可以为师,知微而论可以为师。故师术有四而博习不与焉。

——《荀子·致士》

【注释】

①术:方法,这里指条件。②尊严而惮:自尊严谨又敬业。惮,惧,敬畏,这里是"敬业"的意思。③陵:超越。不陵:指遵守。

这里所讲的是教师应具备的条件。教师除了有广博的知识和一般的传授能力之外,在思想修养(尊严而惮)、形象塑造(耆艾而信)、素质(诵说而不陵不犯)、通理答辩(知微而论)四方面也应修炼,这既是非常中肯的,也是要求很高的。文中一再说"而博习不与焉",并不是说广博的知识和熟悉教材教法不重要,而是把它作为教师的起码条件了。"师术有四"与今天所说教师应具备的基本素质类同,因而有着更加独特的现实意义。

先说思想修养(尊严而惮)。要想受人尊重,必先尊重他人。作为教师,要尊重自己的学生。从某种意义上讲,教师真正的尊严并非其个人的主观感受,而是学生对教师道德的肯定、对其广博知识的折服以及对其感情上的依恋。因此，教师在某些时候不要刻意塑造或构建某种尊严，只要努力追求高尚的品德和出色的教学，对学生付出真诚的情感，并时刻注意维护和尊重学生的尊严时，尊严就会不请自到。当然，尊重学生绝不意味着纵容。

次说形象（耆艾而信）。教师倾注全部心血，潜心研究，不断创新，追求完美，去实现人生的价值和理想。与此同时，对学生也应该严格要求。学生往往有惰性，容易放纵或放松学习，教师不能听之任之，应及时督导，唤起兴趣。同时也应尽量改进教学方法，使教学富有魅力。当学生达到了自己学业中的高峰时，教师也一样处于事业的峰端。

又说素质（诵说而不陵不犯），在传授学生知识的时候能够有条理、有逻辑地讲授，不违背教师道德和教师身份，这是对教师本身专业素质的要求。教师应追求开发先进的教学方法，把需要传授的知识以一种更易被学生接受的方式传播出去。在教学中，教师切不可误导学生，向学生倾灌自己的某些偏激或不正确的想法。

再说表达（知微而论）。教师应知道细微差别，且能品评使之发展、深化。这既指"教书"，亦指"育人"。没有教师的质量，就没有教育的质量；没有教育的质量，就没有人才的质量。教师专业知识结构可以分解为三个要素，即专业基础知识、专业主体知识和专业前沿知识。教师具备的学科专业知识，是教师专业化的标志。专业基础知识是为学好专业，能够从事某种学科教学打基础的知识。专业主体知识是指本学科体系的基本理论、基本规律、基本概念、基本技能、基本资料、基本工具。专业前沿知识是指专业发展的前景，包括对所教学科专业发展趋势的分析与预测。在传授知识的同时，教师还肩负着另一重大责任——育人。用摆事实讲道理的方法告诉学生要做有益于社会的人。

教师是一个多重角色的综合体。教育改革的历史使命要求广大教师与时俱进，不断优化自己的"师术"，在教育事业中更好地完善自我，发挥作用。

《答严厚舆秀才论为师道书》——交以为师

【原文】

苟去其名①，全其实②，以其余易其不足，亦可交以为师③矣。如此，无世俗累而有益乎己。

——（唐）柳宗元《答严厚舆秀才论为师道书》

【注释】

①苟去其名：假如去除师生的名头。②全其实：保全师生的实际。③交以为师：交换着做对方的老师。

"交以为师"是柳宗元的教师观的核心观点。"交以为师"的主张，明确提出了一种突破传统的崭新的师生关系——师生相互为友的师友关系。这里师生关系的内涵，不再仅仅是单纯的教导与被教导的关系、主体与客体的关系，而是在学习研讨的平台上师生关系平等，像朋友般互教互学，共同促进。这种师友关系视教与学两者之间是平等的相互关照的关系，充分体现了教育教学民主的思想原则。与强调"师者传道授业解惑"，即教师主导作用的韩愈相比，柳宗元更主张师生间的交流切磋，师与生有擅长均可尽量展现发挥，有不足一定相互指点引导。柳宗元认为，没有良师教诲，就不可能成才；缺少益友相辅，也不可能增长才能。师生相互为友，取长补短，教与学才真正得以相长。柳宗元的"师友说"在传统师道观中有很大影响。在当前的教学实践中，也颇有借鉴意义。

从现代视教育为生命成长过程的理论角度来分析，柳宗元的师友观里，已经包含了生命观照的因素。他反对师生主客二元的对立，强调师生生命的相互摄养与相互创造。师生之间同是一种主体间的沟通与互动。教师的教也是一种学习活动。在与学生的沟通对话中，教师也可以获得生命的滋养。教师与学生平等互动，教师能从学生中获得许多信息和智慧，与学生一样体验到学习的快乐。难能可贵的是，柳宗元身体力行。他将自己几近一生的治学经验与方法和盘托出，不仅为后学青年提供为人为学的借鉴，而且恳切以求与后学青年的倾心交流。他要学生自己决定取舍，而不以他的是非为是非，不以他的好恶为好恶，企盼师生平等切磋沟通。谆谆告诫，启发再三，调动后学的主观能动性，激发学生自主抉择，使其学有自得。柳宗元的师友观理论与实践，深刻表现了对学生的尊重，包含了师生间的相互对话、相互倾听，以期达到彼此理解的诸多现代教育因素，值得今天的教师仔细研究与借鉴。

"交以为师"的师友观，要求教师课堂上是师，课下是友。教师如果能在课后放下教师的架子，学生会更喜欢学习，这也是一种很好的学习方式。这种把师生关系变成师友关系进行学习交流的方式，更能达到教学的"明道"效果。眼下我们所提倡的教师不仅要做良师还要做益友，实际上就是对这种"师友观"的传承与发展。践行师友观，首先要求教师提高自身素质，不断地学习和完善自己，不至于在师友交流时捉襟见肘。其次，教师一定要注意育人的方法，在探索人才培养模式上要把握学生本身特点，坚持"以学生为本"、"一切为了学生，为了学生的一切"的指导思想，因材施教，因势利导。现在有些学校为了盲目追求考试成绩和升学率，对学生进行教学计划外的补课，布置大量的课外作业，这种不尊重学生心理、损害学生身心健康的教育方式，完全偏离了师友式的教学程式。再次，经常开展"读书月"、"读书周"等活动，鼓励学生多阅读，提倡"博采众长"，开卷有益，让"交以为师"的师友观产生更佳的教学效果。

《礼记·学记》——记问之学

【原文】

记问①之学,不足以为人师。必也其听语②乎。力不能问,然后语之;语之而不知,虽舍之可也。

——《礼记·学记》

【注释】

① 记问:凭记忆力掌握知识。② 听语:听取学生的问题并解答。

"记问之学"似乎给我们带来了一场"正"、"反"双方针锋相对的论辩——

正方观点:读死书者不配为师。所谓"记问之学",用我们今天的话说就是读死书,死读书,只凭记忆力掌握书本上的各种知识。先贤认为读死书的人不配当教师,这是先见之明。然而,不知从何年何月开始,一些自以为恪守传统的"学者",把能背诵多少古人的文章当作"学问",以此自居"权威",从来没有在哪方面表现出一点属于自己的东西,更谈不上创造性。读死书,不过像一只机械的口袋,用来盛装别人的东西,不管装进去的是些什么货色,也不管这些是否能为自己消化之后变作创造力的能源。如果这也值得炫耀的话,那么在另一只巨大无比的现代化"口袋"——电脑面前,读死书的人是不是会觉得有点无地自容呢?

教师长期拘于具体的课本试题资料，往往不能跳出"书本"之外，思维窄化，习惯凝固。上课时教师和学生之间往往是在复述着什么，而不是在生成着什么；往往是在记忆着什么，而不是在思考着什么。对学问未融会贯通，不成体系。这样的积累和准备，并不是毫无意义的，但意义却不大。关于"是什么的问题"，只要懂得范围和渠道，学生大可以自己去寻找，用不着教师再去不厌其烦地啰唆。教师要懂得，并且善于整理和分析课程资源，要能带领学生在众多的课程资源、课程知识或课程表述中找出理性的线索和思维的理路。教师最大的作用在于引导学生去追问并且探索"为什么"的问题，而且能够在更高的思维领域解释具体的学科内容和知识，让学生很早就明白：当知识到了一定高度，便相接了；当知识到了一定广度，便相通了。这样，学生对于众多学科课程的学习，便不会再是孤立的、片面的和单一的。

反方观点：记问之学不可废。只重视记问之学通常被称作"掉书袋"或"书呆子"，为读书人所不齿。但这一观点慢慢产生异化，成为我们今天不喜背诵的借口。记问之学第一大用处，是能打好为学的基础，提高治学的综合素质。俗话说："熟读唐诗三百首，不会作诗也会吟。""记问"的东西往往是经典，字里行间洋溢着意境与技法，随着背诵的越来越多，慢慢地也能受到浸染。遍览前贤，凡在学问上有大成就者，其童年大都打下了良好的背功，对于常见典籍也能够倒背如流。陈寅恪除了背诵"四书五经"，还能背诵"十三经"，而且对每字每句必求正解，可谓烂熟于胸。可如今，不要说背诵"十三经"，恐怕有人连读都没有读过。这是否即当下这个时代为什么出不了像陈寅恪这样的大师级学者的原因之一？记问之学的第二大用处，是可提升写作能力。若每次执笔为文时，头脑中能映现许多与主题相关的人文风物、道理事例，笔下的字词句段流淌得是否会顺畅一些？可见，无论从长远目标衡量，还是站在现实功利的角度，多一些记问之学未尝不是好事。

其实，"正"、"反"双方殊途同归。人所不齿的是那种只会死记硬背而不能融会贯通的记问之学，并没有丝毫反对背诵的意思。如果有既能背诵又能很好地理解，既能烂熟于胸又能融会贯通的记问之学，又何必何乐而不为呢？

《论衡·超奇》——博闻强识

【原文】

通书千篇以上,万卷以下,弘畅雅闲,审定文读,而以教授为人师者,通人①也。抒其义旨,损益其文句,而以上书奏记,或兴论立说,结连篇章者,文人鸿儒也。好学勤力,博闻强识,世间多有;著书表文,论说古今,万不耐一。然则著书表文,博通所能用之者也。入山见木,长短无所不知;入野见草,大小无所不识。然而不能伐木以作室屋,采草以和方药,此知草木所不能用也。夫通人览见广博,不能掇以论说,此为匮生书主人,孔子所谓"诵《诗》三百,授之以政,不达"者也,与彼草木不能伐采,一实也。孔子得史记以作《春秋》,及其立义创意,褒贬赏诛,不复因史记者,眇思自出于胸中也。凡贵通者,贵其能用之也。即徒诵读,读诗讽术,虽千篇以上,鹦鹉能言之类也。衍传书之意,出胸胞之辞,非俶傥②之才,不能任也。夫通览者,世间比有;著文者,历世希然。近世刘子政父子、扬子云、桓君山,其犹文、武、周公,并出一时也。其余直有,往往而然,譬珠玉不可多得,以其珍也。

——(汉)王充《论衡·超奇》

【注释】

①通人:这里专指读书多,但不会发挥运用的人。②俶傥:卓越。

王充把"儒"分为四等：儒生、通人、文人、鸿儒。居里夫人则把人分为两种："有两种人，成功者和失败者，成功者永远找办法，失败者永远找借口。"这两个标准摆在一起，就立马组成一个新标准：要想成"鸿儒"，就得"找办法"。

办法当然有——

一是夯实教师成长的基础。一位先贤曾勾画了教师成长的三重境界："望尽天涯路"，"消得人憔悴"，"灯火阑珊处"。一位后贤又补充了两条：机遇，禀赋。香港一位大咖却说出一句禅言：鸡蛋有两种打破的方法，第一种是从外部打破，变成人口中的食物；第二种是从内部，这样则诞生了一个新的生命。哲理与禅机组合成教师成长的万古不毁之基。

二是明确教学改革的指向。课程好比建筑蓝图，教学好比是按图施工；课程好比总乐谱，教学好比是演奏进行时。课堂教学对教师发展是"没有天花板的舞台"，有着巨大的创造空间。须得指出的是，当前的课堂教学充满着繁荣，但缺乏突破。

三是优化教师成长的语境。坚持以人为本，对人的尊重。尊重是人性的起点，道德的起点，教育的起点。作为教师，应该坚持面向全体学生。创新往往发生在边缘和综合地带。好的课堂教学就是把学生带到高速公路的入口处。或曰：不要给学生背不动的书包，要给学生插翅飞翔的能力。教师不但要具备学习能力、实践能力和创新能力，还要具有一种教学浪漫，让课堂成为轻音乐流动的舞池，在学生的智慧伴着舞曲翩翩起舞时，教师成长的语境也就会曼妙如诗。

四是进行有效教学的反思。教学是艺术，教学是科学。教师需要不断引导学生，调动学生的兴趣和积极性，产生反应，产生变化。教学好不好，关键看状态。不关注学生的学习动机，不关注情感，就不能实现有效教学。行家曰：课堂教学不但要有风度，不但要有深度，还要有温度。马克思说：情感是人发展的本质力量。温度够了，情感足了，教学效果上去了，教师不就离"鸿儒"更近了吗？

《论语·子路》——身正令行

【原文】

其身①正②，不令而行；其身不正，虽令不从。

——《论语·子路》

【注释】

①身：自身。②正：端正。

孔子"身正令行"这句话，肯定了表率的重要性。作为教师，身教的重要性显得尤为重要。因为教师是学生心目中最崇高，最有威信的榜样。教师的思想、信念和道德，以及态度、仪表和行为等方面，在教育教学过程中，对学生的成长产生着潜移默化的积极影响和教育作用。身教这种教育方式比批评、责骂与训斥效果好得多，能达到无声胜有声的教育境界，特别是在培养学生非智力因素方面具有深远的影响。

教师的表率作用主要体现在这么几个方面。

一是为人师表。教师的一言一行无不给学生留下深刻的印象，有的甚至影响学生一辈子。因此，教师一定要在思想政治、道德品质、学识学风上全面以身作则，自觉率先垂范，真正为人师表。教师凡是要求学生做到的，自己要率先做到；要求学生不能做的，自己坚决不能做；要求学生不迟到，预备铃一响，教师就提前到教室门口等待等等，看似区区小事，实则细微之处见精神。为人师表对学生是一种无声的教育，它爆发的内驱力不可估量。因此，为人师表是当好人民教师最基本的要求。

二是注重身教。教师不仅是知识的传授者，还是教育者和师德示范者。师德的好坏对教风、学风影响极大。应该承认，目前，敬业乐教、无私奉献于教坛的教师是绝大多数的，他们在工作繁重、生活清贫的情况下以自身高尚的师德与良好的师表行为影响与培育了大量德才兼备的学生，的确可敬。然而由于各种主客观原因，也有少数教师表失师德和人格，在学生中、社会上产生极为不良的影响。如有的工作消极，纪律涣散；有的弄虚作假，沽名钓誉；有的赌博成性，作风低劣；有的吃喝玩乐，贪图享受；有的计得患失，唯利是图。如此种种都玷污了"人民教师"的光荣称号。因此，提倡"身教重于言教"具有十分重要的现实意义。

三是敬业爱岗。具有敬业精神、热爱教学岗位的教师有着强烈的责任感和事业心，呕心沥血，一丝不苟。为了学生的一切，一切为了学生，以学生满意不满意、学生快乐不快乐、启发没启发学生的创造性思维、是否培养了学生的实践能力作为教育教学工作的出发点和归宿点。

四是服务心态。教师要将"为顾客服务"溶进"为学生服务"之中去。教师在教学中，不应只为少数优等生服务，而应该平等对待所有学生。对于"后进生"，教师不但不应冷落，更要给予他们最优质的服务，善于捕捉他们身上的闪光点，设法调动其积极性和上进心，把他们培养成为合格且有特色的"产品"。此外，教师的课外辅导、上门家访，以及与学生的抵足谈心等，都可以看作是这种服务心态的具体表现。只有当我们的教师具备了这种心态，才会在日益激烈的行业竞争中立于不败之地，并使"太阳下最光辉的事业"焕发光彩。

《吕氏春秋·诬徒》——善教章明

【原文】

不能教者，志气不和，取舍数变，固无恒心，若晏阴①喜怒无处；言谈日易，以恣自行，失之在己，不肯自非，愎过自用②，不可证移③；见权亲势及有富厚者，不论其材，不察其行，驱而教之，阿而谄之，若恐弗及；弟子居处修洁，身状出伦，闻识疏达，就学敏疾，本业几终者，则从而抑之，难而悬之，妒而恶之。弟子去则冀终，居则不安，归则愧于父母兄弟，出则惭于知友邑里；此学者之所悲也，此师徒相与异心也。人之情恶异于己者，此师徒相与造怨尤也。人之情不能亲其所怨，不能誉其所恶，学业之败也，道术之废也，从此生矣。

善教者则不然，视徒如己，反己以教，则得教之情矣。所加于人，必可行于己，若此则师徒同体。人之情，爱同于己者，誉同于己者，助同于己者，学业之章明也，道术之大行也，从此生矣。

——《吕氏春秋·诬徒》

【注释】

①晏阴：天气的阴晴，比喻残害。②愎过自用：刚愎自用。③不可证移：不听规劝而有所改变。

一千多年前《吕氏春秋》指出的种种教学表现，很值得我们今天的教师引以为鉴。

一是心志难以平和，像天气的阴晴一样喜怒无常，课堂上过于随心所欲和态度浮移。课堂上"不讲"的教师少，但"乱讲"者却大有人在，"乱讲"的一个重要原因是知识不够、学术不精和不负责任。教师应当注意调节自己的情绪，平和自己的心气，宽大自己的胸怀，丰富自己的知识，掌握分寸，正确处理，培养对学生的良好感情，获取最佳的教学效果。

二是不能正确对待自己的过失或错误。本来错在自身，却认识不到，刚愎自用，不听规劝而有所改变。作为教师，除了需要掌握批评与自我批评的武器，还不能过分看重自己的尊严，不肯自我批评；发现自己错了要能及时、坦率地承认。

三是对待有权有势和有财富的家庭的学生过度讨好奉承，不管他们的天分如何，也不考察其品行，追随着去教人家，极尽阿谀谄媚之能事，为师者应平等待人，给予每个学生平等的受教育机会与平等的关注度，这不仅是一种义务，也是一种境界与美德。

四是压制品学兼优却不善于"搞好关系"的学生。个别教师无端地疏远、嫉恨，从而压制、刁难学生的做法是十分恶劣的，值得严厉批评。教师面对的是一个学生群体，每个学生都应该得到相同的善待与关爱。教师要善待各种类型的学生，因为他们在心灵深处都期待教师的关爱，绝不能因为学生的社会关系、家庭条件、生活习惯、个人爱好不一样，就区别对待。这样不但有悖教育公平的原则，而且这种不正之风的负面影响将直接波及学生。

善于施教的教师的做法则会不同。善教的教师对待学生就如同对待自己一样，具有一种"反求诸己"的精神，要求学生做到的，先想想自己能否做到；己所不欲的，应不施予学生。这样就能师生同心，情感和谐，像关爱自己一样关爱别人，像欣赏自己一样欣赏别人，像帮助自己一样帮助别人，使教学过程得以顺利完成。

《姜斋文集》——恒于教事

【原文】

讲习①君子，必恒于教事。

——（清）王夫之《姜斋文集》

【注释】

① 讲习：讲议研习。

王夫之是明末清初的思想家。他对教育问题如教育作用、教学思想、道德观和道德修养、教师等进行了较为详细的论述。其中王夫之论教师的思想对今天的教师仍有很好的启示。

"讲习君子，必恒其教事。"这是王夫之教师观的名言之一。这句话的意思是，作为一名从事"讲习"即教育工作的教师，应该对自己的事业坚持不懈，应该具有恒心、耐心和爱心。

教师要恒其教事，首先应该有恒心。教育不是"三天打鱼两天晒网"的事情，而是一桩长期的事业。从一个新手教师要成长为一个骨干教师甚至专家型教师，其间的道路并不短暂，困难也可想而知。新手教师刚刚参加工作会有许多不适应。如教师职业价值观与职业信念的缺失，角色转换迟滞，从业能力不足，缺乏协调的周边关系等。工作几年以后，这些问题会得到一定程度的解决，但同时新的问题又会出现。在面对这些不容易解决的问题的时候，如果一位老师没有恒心，会很容易对自己的工作失去信心。而一旦对教育没有了信心，其教育信念必然坍塌，很容易出现职业倦怠，这显然很不利于学生的成长，也不利于教师自身的发展。所以教师一定要有恒心。

教师要恒其教事，其次应该有耐心。有耐心是指对工作，特别是对学生不烦躁，即"诲人不倦"。因为并不是每一个学生都很聪明、一点就通、一学就会的，总会有一些学生接受东西比较滞慢一点，这时候就需要教师有耐心，给学生反复讲解，不厌其烦地帮助学生。因为学习上有困难的学生很容易丧失自信，如果这时候教师缺乏耐心，态度上粗暴，方法上粗糙，结果只能挫伤学生的学习积极性，使这个学生更加落后。

教师恒其教事，最后还应该有爱心，热爱教育事业，热爱教学工作，热爱学生。爱学生是师德的核心，爱学生是教育学生的感情基础，是打开学生心灵大门的金钥匙，是塑造学生灵魂的巨大力量。不管你是教哪门课的教师，还是哪一类型的教师，热爱学生是天经地义的，全面关心学生成长，热爱学生，尊重学生，公平公正对待学生，给他们应得的信任和教诲，将神圣的师爱均匀地撒向每一个学生，让这份爱感染他们，激励他们，教育他们，造就他们。这也是教师职业神圣之所在，教师人格魅力的最大体现。关爱学生，尤其要尊重学生的独立人格，哲学家爱默生说过：教育成功的秘诀在于尊重学生。无论是优秀的学生，还是经常出错的学生，教师都要一视同仁。批评学生，评语要准确，恰如其分，切不可挖苦、讥讽，挫伤学生的自尊心。准确、真诚的评语，会使学生心悦诚服、欣然接受。要把学生教育成为一个具有爱心的人，并不是让学生背背《日常行为规范》，或者多上几节思想品德课就可大功告成的。

耐心和爱心是恒心的必要条件。有了耐心和爱心，一位教师就会真正地"恒于教事"。

《陋室铭》——山不在高

【原文】

　　山不在高,有仙则名;水不在深,有龙则灵。斯是陋室,惟吾德馨①。苔痕上阶绿,草色入帘青。谈笑有鸿儒②,往来无白丁③。可以调素琴,阅金经。无丝竹之乱耳,无案牍之劳形。南阳诸葛庐,西蜀子云亭,孔子云:"何陋之有?"

——(唐)刘禹锡《陋室铭》

【注释】

　　①德馨:意指品行高洁。馨:能散布到远方的香气。②鸿儒:这里泛指博学之士。③白丁:未得功名的平民,这里借指不学无术之人。

　　这篇铭文通过托物言志表达了一个很普遍的哲理:山不在高,有仙则名;水不在深,有龙则灵。一方课堂的"山"确乎不高,三尺讲台的"水"确乎不深,但如果教师的教学智慧如"龙"似"仙",那就真的可以长啸一声"何陋之有"了。

　　课堂教学是教师教学智慧的集中体现,教师的专业素养是课堂教学智慧的基础。教师的专业素养由两个部分组成。一是教师在思想、态度、情感价值观上所表现出来的人文素养；二是教师在从事本学科教学过程中所应该具备的学科知识和教学过程中完成教学所应该具备的学术素养。教师的专业成长，应该在三个层面上不断去追求——

（1）课堂教学智慧的基础——教师的专业素养。这可分为两个方面：一是教师个人在思想、道德、价值观和情感态度上所表现出来的素养。它可细分为12种素质：友善的态度，尊重课堂上的每一个人，耐心，兴趣广泛，良好的仪表，公正，幽默感，良好的品性，对个人的关注，伸缩性，宽容，颇有方法。这些素质如果能够得到充分发挥，那么就可以成为热情、开朗、幽默、耐心，具有自我控制能力，敢于承认错误，善于个性化地而又公正地处理好与学生的关系，友善而有礼貌并真诚地接受学生的努力的优秀教师。二是教师在自己所教学的学科知识方面所应该具备的专业知识。它可细分为七个层级：学科知识，一般教学知识，课程知识，学科教学知识，学习者及其特点的知识，教育情境知识，关于教育的目标、目的和价值以及它们的哲学和历史学背景的知识。

（2）课堂教学智慧的生成——教师的专业成长。教师的专业成长是一个持续的、长期的过程，一般要经历学习积累、拓宽发展、完善成熟、改革创新四个阶段。教师的专业成长由四项基本指标构成：一是明确的人生发展目标和先进的教学理念。二是坚实的专业基础知识和娴熟的专业运用能力。三是基本的教育教学理论和有效的教育教学方法。四是敏锐的教育研究意识和较高的教育研究能力。要达到这四项指标，要跨越三个层次。第一层次：个人对成长的迫切要求；第二层次：个人对成长的不断追求；第三层次：成长中的个人精神境界。

（3）课堂教学智慧的呈现——教师的专业践行。遵循八条教学原则：一是良好的班级气氛，二是丰富的学习机会，三是明确的学习重点，四是扎实的学习内容，五是智慧的对话教学，六是高度的支架支持，七是学习策略的教导，八是教师的适度期待。当然，在一个灵活多变的课堂中，仅有这些大的整体原则是不够的，教师需要有"仙"的机智与"龙"的灵动，随机处理。这也就更能显示教师的教学智慧，形似"陋室"的课堂里就会催生满眼苔绿草青的迷人春色。

《处世悬镜》——胜人胜己

【原文】

欲成事必先自信，欲胜人必先胜己。

——（南北朝）傅昭《处世悬镜》

【注释】

《处世悬镜》：是南北朝傅昭所著一本教人如何做人做事的经典古书，一部开启人们心智的读物，其中的为人处世哲理仍具有现实意义。

若想要成就事业，就一定要相信自己的能力，想要战胜对方，首先要战胜自己。作为一名教师，"自信"也许容易做到，"胜己"恐怕就有点费神了。因为战胜自己首先就要完善自己的人格，而完善人格重塑自我，至少需要经过十道"工序"。

一是培养自我挑战。就是要意识到自我完善的重要性。人格完善就是指一个人不断认识自我、提升自我、完善实现的结果。在心理学上，人格泛指一个人独特的、相对稳定的行为模式。人格决定个人适应环境的个人性格、气质和能力。教师职业需要完善人格。

二是培养自我信念。在心理学上，先天遗传对个人的人格占主导作用，但随着年龄的增长，后天培养的人格因素越来越起主导作用。因此，人格实际就是个体适应环境的一种行为方式。所以，教师可以通过有意识的培养与努力，改变自己的人格。

三是培养自我批评。教师应该避免自我封闭，要信任他人，并谦虚接受别人指出的不足。同时应该有意识地扩大自己的社交圈，以得到更多人对自己的反馈。这样才能更全面、客观地认识和完善自我。

四是培养榜样学习。榜样的力量是无穷的。人格的成长，需要不断地发现古往今来的榜样人物，并积极地效仿。

五是培养目标设定。教师要树立自知之明，要深刻地了解自己的长短优缺，并勇于挑战自己、完善自己。需要置身于不熟悉的环境中，体验新经历，在新生活中认识自己，发现自己。

六是培养自我磨炼。将即使是很小的改变或象征性的计划付诸行动，也比停留在脑子里的计划要好一百倍。要相信自己能够成长，能够改变，相信行动是改变自我、接近理想人格的最佳途径。

七是培养自我监督。在行动中，要善于接受失败。一般来说，谁也不喜欢失败，但失败往往无法避免。在失败面前，要善于把抱怨变成目标，坚持到底，绝不可半途而废。

八是培养坚持不懈。在自我完善中，不断调整自己的进度，努力达到新的目标。日久必产生良好的转化作用，心理学将这个过程称为"内化过程"。

九是培养自我开放。我们生活在一个日新月异的时代，所有的信息和事物都在不断更新，这就意味着教师要不断重新审视自己的人格，一旦发现不合拍，就有必要采取行动去完善。

十是培养自尊自爱。不应该盲目追求"完美人格"，而是努力拥有一个"完整人格"。这就需要教师客观认识自己，增强自己的优点，改变自己的"大"缺点，接受自己的"小"缺点并把它变成自己的特点。对于缺点的分类需要一个主观和客观意见的平衡，避免把较致命的缺点留下把可爱的小特点改变。

自我完善是一个主动和积极快乐的行为与过程。永远不要为了追求八面玲珑而迷失自我。当理想自我和现实自我终于达到完美结合时，你就可以庆祝自己终于"胜己"了。

《礼记·中庸》——果能此道

【原文】

博学之，审问之①，慎思之，明辨之，笃行之。有弗②学，学之弗能弗措③也；有弗问，问之弗知弗措也；有弗思，思之弗得弗措也；有弗辨，辨之弗明弗措也；有弗行，行之弗笃弗措也。人一能之，己百之；人十能之，己千之。果能此道矣，虽愚必明，虽柔必强。

——《礼记·中庸》

【注释】

①审问之：此处的"审"，指详细、仔细。句意为对学问要详细地询问，彻底搞懂。又"疑事不可不审"，意为对疑难的事不可不仔细地研究。②弗：不，表示否定。③措：搁置，终止。

广泛学习，详细提问，谨慎思考，明辨是非，执著而行——这是古今相传的治学名句，说的是为学的几个层次，也是教师教学中必须掌握的几个递进的阶段。

"博学之"是教学的首要环节。教师首先要广泛地猎取，通过广博的知识来激发和培养学生充沛而旺盛的好奇心。"博"意味着博大和宽容。唯有博大和宽容，才能兼容并包，使为学具有世界眼光和开放胸襟，真正做到"海纳百川、有容乃大"，进而"泛爱众，而亲仁"。因此博学乃为学的第一阶段。忽略这一阶段，为学就是无根之木、无源之水。所以教师首先须"博"，才能变着法儿施教，如行家所说：要用50种方法教一篇课文，而不要用一种方法教50篇课文。一支粉笔一本书，一堂宛如平常推门而入的课，来源于教师对整个文本通透的把握和拿捏。真水无香，"大音稀声"。教师引导学生在创造性的运用中获得辨证的思维方法和活用语言的能力。

"审问"为教学的第二阶段，有所不明就要追问到底，要对所学加以怀疑。这就是为什么教师在备课时要考虑"新课导入"，更要精心设计"课中导问"。"导问"要把握分寸，恰到好处，既要有一定的深度，为授课主旨服务，又要不流于形式，看起来热闹，学生却一无所获。当然，要做到这一层，教师自己首先得"审问"透彻。

有一位教师说得好："丧失自己独立思考的人是可怕的，这样的学生将来不是人才而是奴才。"所以教师必须善于引导学生对教学过程中看似矛盾的结论辩证地思考，让学生通过自己的思想活动来仔细考察、分析，培养学习的品质、科学的精神和"慎思"的习惯，教者思有路，"循路识斯真"。否则学不能用，徒费精力。

"明辨"为第四阶段。学是越辨越明的，不辨，则所谓"博学"就会鱼龙混杂，真伪难辨，良莠不分。教师不但要擅长掌控课堂教学的方向，还要善于将课堂的思辩延伸开去，让学生进一步领会"见微知著"，既"明辨"了正误，又学会了"明辨"这一方法。

"笃行"是为学的最后阶段，就是既然学有所得，就要努力践履所学，使所学最终有所落实，做到"知行合一"。"笃"有忠贞不渝、踏踏实实、一心一意、坚持不懈之意。只有有明确的目标、坚定的意志的人，才能真正做到"笃行"。教师鼓励学生"笃行"，也用自己的"笃行"行动传教学生。

"果能此道"，则可到达"博学之，审问之，慎思之，明辨之，笃行之"的理想境界。

《四书训义》——穷理格物

【原文】

夫欲使人能悉知之，能决信之，能率行之，必昭昭然①，知其当然，知其所以然，由来不昧而条理不迷。贤者于此，必先穷理格物②以致其知，本末精粗晓然具著于心目，然后垂之为教。

——（清）王夫之《四书训义》

【注释】

①昭昭然：明白，清楚。②穷理格物：格物，指推究事物的道理；穷理，指追寻事物的究竟，穷究事物的原委。

王夫之认为，教师要给学生传授知识，自己首先要掌握一定的知识。他有一个著名观点：欲明人者先自明，主张教师要想使学生学会和掌握一些东西，自己首先要把这些东西掌握得清清楚楚、明明白白。

其实，这一点无需王夫之来强调。对于教师来说，道理再明白不过：不具备必要的知识，就当不好教师。虽然，现在已经不再提"要给学生一杯水，教师首先要有一桶水"，因为在渐入信息社会的今天，教师和学生的知识系统会有一定程度的交叉，教师的知识并不一定要比所有学生的知识丰富，教师也可以向自己的学生学习。但是教师在职前学习、职后工作和教学技能培训中仍需很好地建构自己的知识体系，主要包括：本专业的知识、通识知识、教育学和心理学知识、与人相处的知识等。只有具备了这些知识，才有可能当好一名教师。

根据现代社会对人才的需求标准，教师更重要的是要培养学生学习的能力、分析和解决问题的能力。教师不一定要掌握比自己的学生更多的知识，但是一定要能够通过各种方法引起学生的兴趣，让学生愿学、乐学，这更需要教师具备一定的理念和方法。时代不同了，明末清初时候的先生和现代社会的教师需要掌握的知识技能是不同的，相同的是，都必须掌握一定的知识技能，必须"昭昭然知其当然，知其所以然"，必须"本末精粗晓然具著于心目"，然后才能"垂之为教"，才有可能成为一名称职的教师。

王夫之认为，教师的一言一行都会对学生产生潜移默化的作用，因此，教师应注意自己的言谈举止、道德品行，做到"正言、正行、正教"。意思是，做教师应有一定的规矩，无论做什么事情，都应该"身先士卒"。

教师对学生有什么样的要求，教师应该首先做到，这对学生来说是一个很好的榜样，因为学生总是倾向于模仿教师。教师应该注意自己的言谈举止。很多学生，尤其是低年级的学生，都对老师有崇敬之情，认为老师做的一切都是好的、对的。这个时候，如果教师没有注意自己的言行，出现一些诸如骂人、撒谎的不好行为，就会对学生产生深远的不良影响。教师在学生心目中的高大形象就会消失，学生也会对一些事情产生怀疑，这都对学生的健康成长极为不利。

教师"必先穷理格物以致其知，本末精粗晓然具著于心目，然后垂之为教"的思想对当时的教育产生了较大影响，对当前教育仍有很大的积极意义。

《世说新语·贤媛》——剪发待宾

【原文】

陶公少有志气，家酷贫①，与母湛氏同居。同郡范逵素知名，举孝廉，投侃宿。于时冰雪积日，侃室如悬磬，而逵马仆甚多。侃母湛氏语侃曰："汝但出外留客，吾自为计。"湛头发委地，下为二髲②，卖得数斛米；斫诸屋柱，悉割半为薪；锉③诸荐④以为马草。日夕，遂设精食，从者皆无所乏。逵叹其才辩，又深愧其厚意。明旦去，侃追送不已，且百里许。逵曰："路已远，君宜还。"侃犹不返。逵曰："卿可去矣，至洛阳，当相为美谈。"侃乃返。逵及洛，遂称之于羊晫、顾荣诸人，大获美誉。

——（南朝）刘义庆《世说新语·贤媛》

【注释】

①酷贫：非常贫困。②髲（bì）：假发。③锉：同"锉"，割。④荐：草垫。

这是一个撼动人心的故事：陶侃有客来访，车马仆人众多。陶侃家一贫如洗，仓促间陶母吩咐儿子留住客人，她剪下自己的长发，卖给邻人，换钱购买酒菜；砍下房屋的柱子做柴煮饭；又把床铺上的草垫剁碎当马料，尽力而为地款待了客人。

中国历史上，有建树、有出息的名人大都深受其母亲思想之熏陶，最为著名的莫过于中国"四大贤母"：孟母（孟子之母）、陶母（陶母湛氏）、欧母（欧阳修之母）、岳母（岳飞之母）。她们的事迹被广为传颂，这种"母教"现象给了我们的教育以深刻的启示。

其实从某种程度上来说，教师几乎等同于"慈父慈母"的角色。要真正做到"传道授业解惑"，就需要具备"剪发待宾"的爱心和责任，不断学习，不断更新自己的知识，不断完善自己的人格，用最大的爱心、最真的坚持、最美的执著，对教师这个神圣职业做出最好的诠释。

教师的爱心既包含对教育事业的执著，更包含着对学生的爱护。教师的爱心，表现为时时刻刻对学生进行无微不至的关怀，把自己置于学生的位置上，用学生的眼光，从学生的立场来看问题、想问题、处理问题，就像陶母那样，为了儿子待客，不惜斫柱作柴，锉荐为草，甚至剪下自己的头发。当然，教学不是待客，除了慈父慈母般的爱心，更须有对教育事业、对社会的责任。教师的爱心体现在责任，教师的责任源自爱心。

责任心是教师职业的灵魂。一是对工作负责，爱岗敬业。爱岗就是爱教育，爱学生，爱自己的工作岗位。敬业就是恪尽职守，教书育人。二是对学生负责。对学生负责意味着对学生的全面发展负责，不仅要关注学生的学业，也要关心学生的情感、态度、价值观；不仅要关注学生的学习，也要关心学生的生活、健康、品德和习惯。三是要对学校负责。所谓对学校负责，就是要用饱满的热情投入工作。具体来说，就是要用自己的言行去诠释一个教育者的基本素养，展现教师的风采。四是要对自己负责。教师是一个特殊的职业，它要求每一位从事教育工作的教师要不断更新教育理念和知识体系，坚持做人民满意的教师和教育工作者。请相信：有像陶母"剪发待宾"那样的爱心与责任，就一定能培育出陶侃式的杰出人才。

《师说》——非师不约

【原文】

师非道也,道非师不帱①。师非学也,学非师不约②。

——(明)何心隐《师说》

【注释】

①帱:覆盖,这里指广为传播。②约:简明。

教师不等于真理,但是没有教师,就无法让真理广为人知;教师不等于学问,但是没有教师,就不能让学问简约明朗。——透过何心隐的上述提示,我们发现:教师的人际吸引是影响教学效果的重要因素。

所谓人际吸引是指个人在感情方面相互喜欢、亲和的现象,又称人际魅力。它是人际关系的一种积极心理状态。学校的人际关系中,最重要是师生关系。古人说:"亲其师而信其道"。和谐的师生关系是搞好教育教学的重要基础。影响教师人际吸引的因素主要有:

一是仪表吸引。教师的仪表(容貌、体态、衣着、风度等)对人际关系有不可忽视的作用,特别是第一印象会成为能否继续交往的基础,这是一种深厚的社会心理和思维方式的反映。所以教师对自己的仪表、举止、风度、穿着必须认真对待。

《论语》中形容孔子，极温和而严厉，极恭敬但安舒。这样的教师形象，正是学生乐于亲近而又容易受其潜移默化的。

二是邻近吸引。教师要接近学生，熟悉学生，与学生共同活动。师生交往次数越多，越熟悉了解，就越有吸引力。要注意的是师生要亲密有间，也就是亲密而不干扰。无论教师还是学生，要留出自己的生活和情感空间。尤其是学生，不喜欢教师完全涉足他们的空间，猎奇他们的隐私，过多地干预他们的生活。

三是能力吸引。人们一般比较喜欢能力较强的人，特别是对那些有才能而又偶然出现过一些小差错的人。教师应具有渊博的知识和较强的能力，这样学生才会佩服。教师讲课，一节课如能做到"凤头、猪肚、豹尾"，必能让学生心仪。

四是相似吸引。人们在外貌、年龄、地位、角色、学历、职业、能力、兴趣、态度等方面相似，能彼此相互吸引，特别是在价值观和对重大事件的态度上的相似吸引性更大。教师与学生应有共同语言，和学生打成一片，不能高高在上，要将心比心，换位思考。

五是互补吸引。师生教学相长，相互取长补短，就会相得益彰，心理和谐。教师的丰富知识能满足学生求学的需要，学生的健康成长则是教师追求的目标。

六是人品吸引。人格品质是影响吸引力的最稳定因素，也是影响个体吸引力最重要的因素之一。真诚受人欢迎，不真诚则令人厌恶。教师无论是否同意学生的观点，都应尊重学生，给予学生说出自己观点的权利，同时将自己的观点更有效地与学生交换。

人际关系的三大构件——真实、接纳、理解。这是教学活动的充分必要条件，教学内容、教学方法、教学手段都维系于课堂人际关系的形成和发展。学生天生具有学习的潜能，学生全身心地参与到学习过程中时，学习才会有促进。教师在履行一个学习推动者的职责时，要努力珍视学生的心态、兴趣和积极性，自我启动的学习模式就可以出现。课程改革对教师提出了更加开放的要求：教师必须是促进学生自主学习的促进者，而非传统的只注重灌输的教师。何心隐的提示值得今日之教师认真品味。

《李觏集·广潜书》——教本在师

【原文】

善之本在教,教之本在师。

——(宋)李觏《李觏集·广潜书》

【注释】

李觏:北宋思想家,其著作被人誉为"医国之书"。他提出把教育提到"建国治民"的首要地位,主张把选才同用人、育才结合起来。"善之本在于教,教之事在于师"即其精辟见解之一。

古人重视个人的道德养成,并把实现途径归于教育和教师,这是中国尊师重教传统的重要思想根源,也是我们今天应该继承的宝贵精神财富。

"善之本在教,教之本在师",是否还当续上一句:师之本在生?教学是教师的正业,学生是教学的主体。教师与学生有着唇齿相依的关系。然而,因了种种缘故,当前的师生之间确乎存在一些人际沟通障碍,诸如:地位障碍、组织结构障碍、时空距离障碍、语言障碍、心理障碍、个性障碍等。这样的人际沟通障碍直接影响到教学效果与教育质量。

沟通是师生之间相互理解的方式。所谓提高沟通能力,无非是两方面:一是提高理解学生的能力,二是增加学生理解自己的可能性。掌握"沟通"的"秘诀"有两种"招式"——

一招是"阳春白雪"式。课堂背景中的人际关系构成有三大要素:真诚、接纳和理解。一是真诚。即真实或表里如一。教师首先要做一个真诚的人。教师对学生应该坦诚,将自己的思想和情感坦率地显露出来。教师与学生沟通时不能有任何职业上的装腔作势和个人的假面具,应该抛弃任何虚伪和欺诈,以促进学生获得真正的自我意识和他人意识,筑牢沟通的基础。二是接纳。有时也称为信任或奖赏。教师要能接纳学生在碰到某个新问题时表现出来的恐惧和犹豫,并且接纳学生达到目的时表现出来的满足。教师应将学生看作是一个具有许多感情、许多潜能的完善的人,教师对学生的接纳,是其对人类机体能力具有基本信心的一种具体表现。三是理解。指对学生的移情性理解。设身处地了解学生的内心世界、学生的感情和想法。这样,学生就体会到,可以信任教师,因为教师的确能全面地把握自己的优缺点,从而建立和发展师生之间忧乐与共的行为。值斯时也,人际沟通的障碍已经扫除,师生间的新型关系开始建立。

另一招是"下里巴人"式。一是善于微笑。即以发自内心的微笑面对学生。微笑是给对方发出的友好的信号,学会微笑是人际交往的基本功。电视剧《编辑部的故事》中有一句歌词很经典,说"人类的面孔是笑的表情"。许多学生的深切感受是"我最喜欢我们老师的笑容"。二是善于倾听。即认真地对待学生的谈话,做一名忠实的听众。认真倾听是对对方的尊重,对方因而也会把你视为知音。掌握倾听艺术是人际交往的一个要诀。优秀教师都是能倾听学生讲话的人。三是善于赞赏。即对学生的优点和长处能实事求是地给以赞美。赞美别人能体现对别人的尊重,能显示自己的谦虚与豁达,是一种爱心的释放,也是人际交往的一个技巧。四是善于交流。即能积极主动去接纳学生,沟通思想和情感,表达和交流自己的认识。互相关心、交心,分享对方的喜悦和烦恼,与学生平等相容。这样的交流才真正体现教学相长。善于交流是教师人际交往的关键。同时注意做到在教学与交谈中准确而亲切地说出学生的姓名,让学生感觉自己很重要。这是师生人际交往中简单而重要的方法。

《默觚下·治篇》——成长去短

【原文】

不知人之短，不知人之长，不知人长中之短，不知人短中之长，则不可以用人，不可以教人。用人者，取人之长，辟①人之短；教人者，成人之长，去人之短也，惟尽知己之所短而后能去人之短，惟不恃己之所长而后能收人之长；不然，但取己所明而已，但取己所近而已。

——（清）魏源《默觚下·治篇》

【注释】

① 辟：同"避"。

成人之长，去人之短，当是"教人者"的共识。如何做到这一层，新课改提出了新要求：教师在教学中面向全体学生，突出学生的学习主体地位，倡导对学生进行发展性评价，以激发学生的积极性和提高自信心。"激励性评价"就是体现这一要求的有效方法之一。

激励性评价是指在教学过程中，教师通过恰当的教学方式，不失时机地从不同角度给不同层次的学生以充分的肯定、鼓励和赞扬。成人之长，去人之短，使学生在心理上获得自新、自信和成功的体验，激发学生的学习动机，诱发其学习兴趣，进而使学生积极主动学习。

　　一是实行教育公平——实施激励性评价的基石。几乎所有的学校都存在着"尖子生"、"中等生"、"差生"的划分。"差生"是班级的不稳定因素和消极力量。教师很少考虑其"短中之长"，即使有一些转化措施，出发点依旧是防止他们出乱子，对他们重点关注的背后含有歧视的成分。对"尖子生"则敬如上宾，不知其"长中之短"，给予过度赞扬，对教育的盲从和跟随导致其失去个性和创造性，往往走上社会后却并不出色。分等级所损害的不仅仅是"差生"。教师对学生的爱是大爱，是普爱，教师如果一视同仁地热爱学生、善待学生，那么就会如同磁石一般，吸引学生、激励着学生去积极思考，用心学习，克服困难，走向成功。

　　二是突出学生主体——发挥激励性评价作用的重要手段。新课改的课堂，是师生互动、生生互动的课堂，学生是课堂的主角。因而，在教学中，教师应把自己定位为为学生学习的服务者、组织者、促进者、启发者、帮助者、激励者，真正地把课堂还给学生，突出学生的主体地位，实现多元激励性评价。如：在教学中先让学生自评与互评，教师再做总结性归纳补充。通过学生互评互议，构建各抒己见、张扬个性的和谐、民主的课堂氛围，以达到激发学生学习积极性和提高学生自信心的作用。

　　三是注意适时适度——激励性评价得以有效发挥的保障。开展激励性评价重点在于如何抓好契机，也就是说老师要善于做"及时雨"，在学生最需要的时候去鼓励。在课堂上，当一个学生尽其所能解答了一道疑难题的时候，教师就应当堂表扬他；当一个学生回答问题错了的时候，教师也应先肯定他勤于思考，勇于回答问题，然后再鼓励他从多角度去思考问题。这样适时适度的激励表扬，学生学得专注，也学得开心。另外需要注意的是，我们必须意识到激励不等于表扬，批评也是一种激励，无原则的表扬只会适得其反。当然要注意的是，批评时不能打击学生的积极性和自信心，要委婉地否定，有时还要根据学生不同的性格特点、不同的情况区别对待。引导学生正确对待否定性评价，使其具有一定的心理承受能力，既认识到自己的优点，也清楚认识到自己的不足，并对其提出针对性的改进建议，这样才能更有效地促进学生进步发展，才能真正地"成人之长，去人之短"。

《樵谈》——庸匠误器

【原文】

庸匠①误器，器可他求；庸妇②误衣，衣可别制；庸师③误子弟，子弟可复胚乎？

——（宋）许棐：《樵谈》

【注释】

①庸匠：手艺不好的工匠。②庸妇：拙笨的媳妇。③庸师：平庸的教师。

教师、责任，两个很熟悉的词语加在一起，却变得异常沉甸。一个孩子的失败，对一个教师来说，只是几十分之一的失败，但对于一个家庭来说，就是百分之百的失败。

一位教师，左手是良心，右手是责任。当教师用敬业精神和精业水准把一群群孩子送往理想的彼岸时，这就是幸福。教师的幸福来自责任。责任是教师从教之基、为师之本。尽管我们不主张把学生分成"优生"、"差生"，划为三六九等，但学生的差距客观存在。教师要想不当误人子弟的"庸师"，就必须践行以下几个方面的责任。

一是博爱。今天的教育，很累很尴尬。但教育毕竟铸就的不是一种可以"复胚"的产品，而是一代人。站在讲台上的教师，谁也不会承认自己是一代庸师。可在教师的心底，是不是应该时刻提醒自己：我对每个学生都无私地尽到责任了吗？

二是了解。教育学生的前提是了解学生。只有多方面了解，才能多角度地认识。教师往往会形成一种思维定势，以为自己教学生的时间越长，越能了解学生，越有资格给学生下结论。实际上，时间的累积并不代表了解的加深。一方面，教师的工作往往只能探测到学生某一时段或某一领域的情况，并不是全方位的；另一方面，基于各种因素，学生往往会约束自己，包装自己，教师所看到的并不见得是学生真实的状态。其实"差生"并不像人们认为的那样差，多数"差生"仅是某一方面落后。当然，了解有很多途径：除了教学，还可以通过各种活动去认识学生，去亲近学生；除了本人，还可以向不同层次不同爱好的学生做多方面的了解，争取听到各种不同的声音。完成这种全方位的认识，正是教师的责任所在。

三是宽容。教师不要把学生当作生产流水线上的产品——要求规格统一、十全十美，更不能以个人的认知和喜好来评价对待学生。教师要理解学生身上存在的不足，要允许学生犯错误，决不能错误地认为"朽木不可雕"而放弃教育。名家说过：有时宽容引起的道德震动比惩罚更强烈。记住这句话吧，也许它可以提醒教师减少苛责和惩罚。

四是尊重。培养自尊自信是转化"差生"的催化剂。教师们面对的"差生"，往往差的不只是学业，还有行为习惯、技能技巧，所以需要的帮助很多很多，教师根本就来不及也不可能一一弥补，只能给予他最需要的东西，那就是培养他的自尊自信。每个人潜力的大小、能力的强弱，往往决定于自我评价的高低。作为教师，为什么不多给学生一份肯定一份鼓励？为什么不多给学生一份成功的希望？

常说"以心换心"。教师在三尺讲台上，阅历春秋，苦苦耕耘，要用爱心、诚心、耐心、责任心，去换取学生的开心、家长的放心、社会的安心。

[1] 于拾编著.《师说》教育智慧品读 [M]. 长春：吉林大学出版社，2008.

[2] 王茹. 从《师说》看韩愈的教师理论 [J]. 河南职业技术师范学院学报（职业教育版），2007（03）.

[3] 刘凌. 韩愈《师说》主旨及其背景 [J]. 中学语文教学，2012（04）.

[4] 詹开逊. 韦编三绝 [J]. 教师博览，1995（12）.

[5] 刘鸿雁. "韦编三绝"别释 [J]. 江海学刊，2006（01）.

[6] 马士钧. 韦编三绝——怎样写好读后感 [J]. 新少年，2007（06）.

[7] 张默生原著，张翰勋校补. 庄子新释 [M]. 上海：古籍出版社，2006.

[8] 朱瑜章.《秋水》的文学性与哲理性 [J]. 中学语文教学，2002（08）.

[9] 周德义，杨志红. 师德修养论 [M]. 长沙：湖南人民出版社，2003.

[10] 蒋梅英. 立师德 正师风 铸师魂 [J]. 江西教育，2011（03）.

[11] 刘震编著.《学记》释义 [M]. 济南：山东教育出版社，1984.

[12] 高艳魁. 谈《学记》中的教学方法 [J]. 黑龙江教育学院学报，2003（01）.

[13] 于晓琴，姜彩霞.《学记》的教师观及启示 [J]. 科教文汇，2010（08）.

[14] 康晓燕. 初探《学记》中的"务本"思想 [J]. 福建论坛，2011（01）.

[15] 李柏秋. 教师更要做"园丁"不要仅当伯乐 [J]. 黑龙江教育，2006（09）.

[16] 彭荆风. 世有千里马然后有伯乐 [J]. 发现，2007（09）.

[17] 马志响. 教师即伯乐 [J]. 素质教育大参考，2012（10）.

[18] 郭毅. 教育"现代化"与教学"基本功" [J]. 中小学教师培训，2000（01）.

[19] 秦崇海. "博喻"简论 [J]. 开封教育学院学报，2002（01）.

[20] 惠梓. 教师必须具备过硬的课堂教学基本功 [J]. 职业技术教育，2006（05）.

[21] 董仲舒著，阎丽译注. 董子春秋繁露译注 [M]. 哈尔滨：黑龙江人民出版社，2003.

[22] 范学辉. 董仲舒《春秋繁露》与经学开山 [J]. 孔子研究，2006（05）.

[23] 王志跃. 董仲舒与《春秋繁露》[J]. 三联竞争力, 2010 (05).

[24] 王先谦. 荀子集解 [M]. 北京: 中华书局, 2008.

[25] 陈桂生. 荀子"师术"说辩析 [J]. 云梦学刊, 1997 (03).

[26] 郑静娴. 师术有四, 博习不与——荀子为师观新释 [J]. 学周刊(理论与实践), 2010 (11C).

[27] 谢汉强等主编. 柳宗元研究文集 [M]. 南宁: 广西人民出版社, 1993.

[28] 朱玉麒, 杨义等. 今译柳河东全集 [M]. 北京: 北京燕山出版社, 1995.

[29] 赵荷香. 柳宗元师道理论浅解 [J]. 名作欣赏, 2008 (10).

[30] 郭世佑. 记问沉浮: 近代史的求真之旅 [M]. 北京: 北京师范大学出版社, 2011.

[31] 钱霞. 记问之学, 不足为师 [J]. 技术物理教学, 2012 (01).

[32] 周桂钿. 秦汉思想研究 [M]. 福州: 福建教育出版社, 2015.

[33] 赵地, 王冬艳. 王充鸿儒观之启迪 [J]. 人民论坛, 2011 (02).

[34] 曹文彪. 王充的知识分子论述略 [J]. 当代社科视野, 2013 (02).

[35] 周成平. 给教师一生的建议 [M]. 南京: 南京大学出版社, 2010.

[36] 齐民. 打铁还需自身硬 [J]. 前线, 2013 (01).

[37] 吕不韦. 吕氏春秋 [M]. 呼和浩特: 内蒙古文化出版社, 2006.

[38] 张一中. 《吕氏春秋》的教育思想 [J]. 湖南师范大学学报, 1987 (06).

[39] 李德明. 《吕氏春秋》尊师重教思想浅论 [J]. 商丘师范学院学报, 1988 (04).

[40] 李镇西. 爱心与教育 [M]. 成都: 四川少年儿童出版社, 1998.

[41] 戴锐. 新教师职业适应不良及其防范 [J]. 教育探索, 2002 (04)

[42] 王芳芳, 邓子纲. 王夫之的师德观及其现代意义 [J]. 文史博览(理论), 2009 (05).

[43] 莫道才. 骈文通论 [M]. 南宁: 广西教育出版社, 1994.

[44] 李贻训. 《陋室铭》赏析 [J]. 安徽教育, 1986 (07).

[45] 张萍. "山不在高, 水不在深, 曲也不在大" [J]. 音乐创作, 2010 (04).

[46] 王冬娟. 越而胜己 [M]. 福州: 福建教育出版社, 2014.

[47] 路启龙. 胜己者强 [J]. 正气杂志, 1999 (05).

[48] 高胡. 思想力量——胜己者，胜天下 [J]. 人才开发，2011（02）.

[49] 王仁斌. 博学审问慎思明辨笃行——小学数学应用题教学之我见 [J]. 教育课程研究，2013（11）.

[50] 朱亦平. 传统五步学程新探 [J]. 安徽警官职业学院学报，2004（04）.

[51] 崔海峰. 王夫之诗学范畴论 [M]. 北京：中国社会科学出版社，2006.

[52] 王寿伟，王淑范. 浅谈青年教师的业务培训 [J]. 佳木斯教育学院学报，1994（03）.

[53] 刘圣明，姜佳，康业斌. 新时期提高青年教师业务素质的思考 [J]. 河南教育，2013（02）.

[54] 甄静. "剪发待宾"题材在元明两代戏曲改编情况之比较 [J]. 戏剧文学，2009（06）.

[55] 杨晴.《世说新语·贤媛第十九条》源流及在元杂剧《陶贤母剪发待宾》中的新变 [J]. 魅力中国，2010（07）.

[56] 陈寒鸣. 王艮、何心隐世俗化的儒学政治思想 [J]. 晋阳学刊，1995（03）.

[57] 郭彦霞. 一代狂儒——何心隐的心理学思想意蕴 [J]. 兰台世界，2015（07）.

[58] 陈寒鸣. 袁宏道与泰州王学 [J]. 齐鲁学刊，2010（04）.

[59] 唐梅. 浅谈班主任工作中的"严"与"细" [J]. 新课程（教研），2011（08）.

[60] 徐仁柱. 班主任工作经验谈 [J]. 教师博览（科研版），2011（02）.

[61] 夏剑钦编. 中国古代思想家文库·魏源卷 [M]. 北京：中国人民大学出版社，2013.

[62] 张洁. 魏源经世致用的教育思想 [D]. 南宁：广西师范大学，2004.

[63] 王向清. 魏源《默觚·治篇》哲学思想及价值 [J]. 湘潭大学学报，2015（01）.

[64] 欧阳明. 做一名学习型教师 [M]. 上海：华东师范大学出版社，2010.

[65] 张世欣. 古代师诫析——古代对为师资格问题的追求 [J]. 师资培训研究，2001（04）.

[66] 仲霄鹏. 创新——教师永恒的主题 [J]. 学周刊，2014（09）.

第四章 中国经典之学生观

《论语·季氏》——学而知之

【原文】

孔子曰:"生而知之者,上也;学而知之者,次也;困①而学之,又其次也。困而不学,民斯为下矣。"

——《论语·季氏》

【注释】

① 困:困惑,不明白。

孔子在学生中反复强调学习的重要性。尽管他说"生而知之者,上也",但他并不承认自己是"生而知之者"。现实社会中,有的人具备很多优秀品质,如好仁、好信、好勇、好刚,但不"好学",这样的人就容易走向反面。孔子总结自己治学成长的过程:十五岁立志学习,三十岁能自立,四十岁能明辨是非不受迷惑,五十岁懂得天命,六十岁能正确对待各种言论,七十岁能随心所欲而不越规。终其一生,修养提升的根本还是"学而知之"。

一是学习态度。有了强烈的求知欲望和学习动机,还必须树立正确的学习态度,养成良好的学习习惯。这是决定是否成才的重要因素。即应当虚心求教,不耻下问。不仅虚心向老师、长辈求教,而且向地位比自己低、年龄比自己轻、知识比自己少的人请教。自己有才能却向没有才能的人询问,自己知识多却向知识少的人请教,有学问却像没有学问一样,知识充实却像很空虚一样。正因为"有若无,实若虚",才不会骄傲自满,才能做到不会就学,不懂就问,虚心求教,不耻下问,活到老,学到老。

二是学习精神。学习的过程是一个知识从无到有、从少到多、逐步积累、由量变到质变,融会贯通的过程。这个过程没有捷径可走,只能"学而知之",勤奋刻苦,持之以恒,而不是浅尝辄止,半途而废。

三是学习风格。学习知识必须老老实实,来不得半点虚假,要的是真才实学,而不是装点门面,炫耀于人。知道就是知道,不知道就是不知道,这才是聪明的态度。持这种态度的人,在求学中必定是踏踏实实、求真务实、精益求精、一丝不苟、不偷懒、不走捷径、不弄虚作假、不自矜自夸。针对当前有些人不认真求学,无真才实学,而靠虚假宣传、作弊、弄假文凭等手段骗取名利的行为,这种实事求是的态度还是应该大力提倡的。

四是学习方法。实用有效的学习方法是实现求学目的的途径。学习方法很多,如:反复学习,强化记忆。对学过的知识时常复习、练习、实习,从而记住它、理解它、掌握它,温故知新,举一反三。温习已经学过的旧知识,可以推知出一些新知识,认识上有所发展,有所创新,这是一种重要的学习方法。只知读书学习而不思考问题,就会茫然不解而没有收获;只空想而不读书学习,就会迷惑无知而没有学问。在学习过程中,学与思必须紧密结合,不可偏废。学而不思或思而不学都会导致学习的失败。

求学路上多荆棘,学而知之铺坦途。

《朱子语类》——熟读精思

【原文】

读书无疑者,须教有疑;有疑者却要无疑,到这里方是长进。

——(宋)朱熹《朱子语类》

【注释】

朱熹五岁即读《孝经》。他一生读书无数,经验丰富。朱熹去世后,他的弟子门人将朱熹有关读书的经验和见解整理归纳,成为"朱子读书法"六条,在教育史上具有重要影响。

"朱子读书法"对于我们今天如何有效学习,特别是如何有效地通过阅读来建构知识,有着重要的借鉴意义。

第一循序渐进。读书要根据自己的能力,由易到难,讲究次第,扎扎实实,步步为营。读书不要急于求成,应按照一定的顺序进行。这个顺序是:先读基础的、容易把握的书;读完一本,再读另一本;从字句、章节、篇章依次读起,把前面的弄懂后,再继续读下去。

第二熟读精思。读书必须记得背得,仔细推敲,熟读成诵,琢磨其意。而且要存疑求真。疑问越多,学习进步就越快,"大疑则可大进"(《朱子语类》卷一百一十五）。学习一般要经历无疑——有疑——无疑的过程。"读书始读，未知有疑，其次则渐渐有疑；中则节节有疑。过了这一番后，疑渐渐逝，以至融会贯通，都无所疑，方始是学。"（《晦翁学案》）这种主张熟读精思、存疑求真的学习思想来自朱熹长期的教学实践和治学体验。

第三虚心涵泳。读书需要虚心。朱熹曾批评当时普遍存在的两种毛病：一是"主私意"，就是以自己的想法去揣测书中的道理，穿凿附会，歪曲了古人本来意思。二是"旧有先人之说"，就是先前接受的观点不肯放弃，从而排斥接受新的观点。为了纠正以上这两种不好的毛病，朱熹主张读书必须虚怀若谷，静心思虑，悉心体会作者本意。读书要耐心"涵咏"，就是要反复咀嚼，深刻体会行文中的旨趣。

第四切己体察。就是要心领神会，身体力行。从读书法的角度来看，朱熹强调读书必须联系自己，联系实际，将学到的理论转化为行动，这个观点是十分可取的。

第五着紧用力。这点有两层涵义：首先是读书需要围绕一定的目标，坚持不懈地努力。没有取舍，就没有重点；没有重点，就没有主攻方向和优势。其次是读书的过程必须"宽着期限，紧着课程。……如撑上水船，一篙不可以缓"。"余尝谓读书有三到，谓心到、眼到、口到。心不在此，则眼不看仔细。心眼即不专一，却只漫浪诵读，决不能记。记亦不能久也。三到之法，心到最急。心既到矣，眼口岂不到乎？"（《童蒙须知》）读书不可漫不经心、游手好闲，而须心无旁骛、专心致志。

第六居敬持志。读书时须保持良好的精神状态，要保持一种恭谨的心态，做到心正、意诚。"敬"就是端正态度，诚心诚意、兢兢业业地去做，而居敬则还有专静纯一、持之以恒的意思。"持志"即有坚定志向。他说："须要养得虚明专静，使道理从里面流出方好。"又说："立志不定，如何读书。"因此，读书必须立定志向，树立远大目标。

"朱子读书法"是古代最有影响的读书方法论，六条均反映了读书学习的基本规律和要求。今天的学子正宜认真学习借鉴，将这套具有中国韵味、中国气派、中国特色的学习方法，在我们今后的教育教学实践中传承和创新。

《论语·雍也》——学习境界

【原文】

子曰:"知之者不如好之者,好之者不如乐之者。"

——《论语·雍也》

【注释】

知之者,知有此道。好之者,好而未得。乐之者,有所得而乐之。在孔子的著作中,上述句子应当说是最通俗的,运用顶针格式的比较,表达的重点也十分明确。

"知之者"仅得其表,尚不足取;"好之者"带情绪化,不得要领;"乐之者"有所得而且情趣得以升华,才是学习的最佳状态。于是,可以获得这样的结论:对于学习,了解怎么学习的人,不如爱好学习的人,爱好学习的人,又不如以学习为乐的人。孔子所列的"知之"、"好之"与"乐之",形象而生动地揭示了获取知识的三个境界,形象地阐述了学习的三种态度,强调了"乐之"是效益最大化的学习态度。从表面上看,这些语录好像纯粹是谈论读书与学习的。其实,人们做其他任何事情又何尝不是这样的呢!

孔子这段话揭示了一个怎样才能取得好的学习效果的秘密,那就是对学习的兴趣。不同的人在同样的学习环境下学习效果不一样，自身的素质固然是一个方面，更加重要的还在于学习者对学习内容的兴趣。常听学生说学习枯燥乏味，不爱学，没兴趣，这一科的成绩就很差，上不去。相反，当学生对一门科目产生兴趣之后，就会学得比较好，正所谓"兴趣是最好的老师"。

因此培养学习兴趣，使"知之者"、"好之者"进化为"乐之者"，对学生来说就是非常重要的。学习兴趣不是与生俱来的，它是可以培养的。实践证明，有了学习兴趣，学习就不再是枯燥的事情，学习效率就会提高。培养学习兴趣有很多方法，择要言之。

其一，积极的态度是培养兴趣的前提。要想确立自己对学习的兴趣，从心理上就要改变对待学习的态度，绝不能只去做感兴趣的事，而是要感兴趣地做该做的事，既不要回避，也不要厌恶，更不要放弃。有了积极的态度，学习兴趣就会慢慢生根发芽，抽枝展叶。

其二，对学科的深入了解是培养兴趣的良方。任何学科都有它有趣的地方，都有美丽的一面。学生要深入了解学科的意义与内容，真正地进入到学习中去，不浮躁、不气馁，日推月移就会培养起学习的兴趣。

其三，时刻充满好奇心是培养兴趣的不二法宝。好奇心是人们对求知事物积极探求的一种倾向。如果带着好奇心去学习各种科学知识，就会激发和保持自己的学习兴趣。

其四，确定小目标是培养兴趣的有效策略。小目标能增进成就感。给自己制定的学习目标不要太高，努力就可以达到。这样，不断的进步会提高学习的信心，在不知不觉中就会建立起学习的兴趣，进而取得更大的进步。

其五，建立和确定稳定的爱好是培养兴趣的基础。在日常生活和学习中应不断地提出问题，不断地解决问题。在这个过程中对自己学过的知识加以巩固和修正，使自己处于开心、积极进取的心态，有利于建立稳定持久的兴趣。

其六，持之以恒是培养兴趣的有力保障。学习是个循序渐进的过程，对学习既要知难而进，又要做到由易到难。学习中遇到困难是很正常的，不要急于求成。学习要有耐心，要有吃苦的精神，要细嚼慢咽。这样才能保持良好的兴趣。

《论语·述而》——必有我师

【原文】

三人行，必有我师焉！择其善者而从之，其不善者而改之。

——《论语·述而》

【注释】

几个人在一起，其中必定有我的老师。选择他们的优点学习（发现自己也有），他们那些缺点就要改正。

因为有一整套有关学习的规章制度在制约着彼此，同学之间一般不会因为学习问题上的争议而相互记恨、彼此隔阂。但是，仍有一些相关的琐碎、具体事情，需要很好地对待和处理。这些事情处理得好与不好，直接关系到能否培育良好的人际关系。这主要有四条。

一是求同存异。也许你的个性难免要和他人发生冲突。不管你多么随和，总会有人跟你过不去。或许你还不得不和他们打交道。但仔细观察，彼此的共同点还是不少的。人与人本来就该彼此肯定且欣赏对方的优点。过分苛刻地探讨人的异同，周围就会充满异类。

二是理解包容。只要你先消除心中的芥蒂，避免无意义地给他人刺激，即使听到不中听的言语也别放在心上，不让成见占据你的心头，就不至于产生不愉快。许多人往往认为男生应该豪迈大方，具有"男子气概"。所以，一旦遇到男同学焦躁不安、借题发挥，就会感到十分惊讶，并可能认为他是一位心胸狭窄的人，这种想法是错误的。因为一个对学习十分努力、殚思竭虑的人，如果没有获得理想的成绩，往往会很颓丧，感到懊恼。有些男生遇到这种情况，常会把苦闷、懊恼发泄出来。在这种情况下，作为同学的你，一定要表示你的理解和关心。只有这样做，才会改进和完善与男同学之间的人际关系。女生在工作上遇到困难时，往往需要别人的体谅和帮助。这时，你不妨伸出关爱之手，使对方感到有依靠，减轻思想负担，提高学习效率。这次你伸出援手，下次当你碰到困难时，她必定会来帮你的忙。这是一种在学习中互相协作的精神，理应被发扬光大。

　　三是真诚相处。改进并完善与同学之间的人际关系，当然不仅仅在理解与关心对方等方面做文章。在遇到原则性问题，尤其是察觉同学有犯错误的倾向时，一定要坦诚相告，直言不讳地提醒。如果担心这样做会撕破情面，从而犹豫不决，结果可能会带来不可避免的重大错误和损失。所以，一旦发觉有犯错误的倾向时，用不着多做考虑，不妨直截了当地指出来，以期尽快纠正。实际上，说出真心话，是对同学的信任、爱护和关心，避免"一失足成千古恨"。

　　四是做好自己。衡量一个学生是否受到周围人喜欢，并不在于他如何笑容可掬、无事套近乎和装出一副惹人喜欢的模样，而在于如何对待学习、学习效果如何。所以，在学习场所，大可不必为了得到周围人的喜欢而放下学习，一味想方设法去取悦于人。只有认真学习，奋发向上，才能进一步获得周围人的喜欢和尊重。

《颜氏家训·勉学》——无过读书

【原文】

　　夫明"六经"①之指，涉百家之书，纵不能增益德行，敦厉②风俗，犹为一艺③，得以自资。父兄不可常依，乡国不可常保，一旦流离，无人庇荫，当自求诸身耳。谚曰："积财千万，不如薄伎在身。"伎之易习而可贵者，无过读书也。世人不问愚智，皆欲识人之多，见事之广，而不肯读书，是犹求饱而懒营馔，欲暖而惰裁衣也。夫读书之人，自羲、农已来，宇宙之下，凡识几人，凡见几事，生民之成败好恶，固不足论，天地所不能藏，鬼神所不能隐也。

　　——（北齐）颜之推《颜氏家训·勉学》

【注释】

　　①"六经"：指《诗》《书》《乐》《易》《礼》《春秋》。②敦厉：亦作"敦励"。劝勉，勉励。③艺：技艺、才能。

　　这里讲的道理很浅显，但人们往往很难记取：财富、地位是没有绝对保障的，父兄的荫蔽也不可能长久，只有自身有了知识，才能走到哪里都可以安身立命、左右逢源，也就是常说的"积财千万，不如薄伎在身"。这种以广博知识为教育内容、以读书为主要教育途径的主张，确为经验之谈，值得今天的学子发扬。

第四章　中国经典之学生观

《论语·学而》——吾日三省

【原文】

曾子曰:"吾日三省①吾身:为人谋②而不忠乎?与朋友交③而不信④乎?传⑤不习⑥乎?"

——《论语·学而》

【注释】

①省:视,反省。②谋:策划,出谋献计。③交:交往,合作。④信:诚信。⑤传:老师所授。⑥习:温习,练习。

两千多年前的曾子每天多次反省自己:替别人办事是不是尽心竭力了?与朋友交往是不是诚实?老师传授的知识是不是复习过了?曾子之所以能经历千百代而为人所熟知。正因为他能每天捕捉自己生活的漏洞,不断进行心灵的自我扫描。古人如此自省,让今人心灵震撼。

世道纷纭,熙熙攘攘,心为外利所动,几乎失去真我;物欲横流,乃至人心不古;求诸外欲,而忽略了内存的诚信。校园小世界,该如何对待浊世横流?恐怕还是那句老话管用:从自身做起。人应在人世间寻求与他人的契合,在求诸他人之时首先求诸自身:我是否做到了?以此感化世人,引导世人。正是因为社会的整体意识，人们才能时刻感受人类和人性，感受一种历史的和社会的使命感。因为每个人的道德基础，使人的人格形成博爱的集体意志，复由集体意志驱动个体不停反思。对个体人格的追求是在集体人格的完善中完成的。大千世界真谛如此，小小校园亦莫能外。因此，我们不妨每天也来"三省吾身"——

今天帮助同学尽力了吗？俗话说：在家靠父母，出门靠朋友。同学若是有事相求，定是遇到了难处。此时你若是能助人一程，就切勿吝啬你的时间和精力。

今天在与朋友的交往中以诚信待人了吗？诚信作为一种传统美德，在人们的人际交往中有着举足轻重的作用。所谓"一言既出，驷马难追"，你不"诚"，人家就不"信"。师生之间、同学之间如果出现信任危机，那就是最大的交际障碍，会直接影响到你的学习与生活。

今天老师传授的知识，你温习了吗？温故而知新。适时温习已学的知识，不仅能够唤醒沉睡的已学知识，而且还能得出新的体会，这是一种学习的境界。能够达到这种自觉学习、享受学习的境界，那么学习就将会是一件很轻松、快乐的事了。

每天"三省吾身"，求学生涯温馨。

《明儒学案》——疑而后问

【原文】

疑而后问,问而后知;知之真则信矣。故疑者进道之萌芽也。

——(清)黄宗羲《明儒学案》

随着新课改的深入,培养学生的质疑精神与创新能力越来越必要和迫切。

学习过程实质上是围绕"疑"字展开的,是"无疑——有疑——展疑——不疑"的矛盾运动过程。这实际上也是一个由存在问题再到发现问题后到解决问题的认识逐步深化的过程,体现了学习过程中的认识活动的规律性。

中国古代的教育家早就意识到了"疑"、"问"的重要性,鲜明地提出了"学则须疑,学则贵疑"的主张。从孔子"不耻下问",到孟子的"尽信书,不如无书",从朱熹的"群疑并兴,乃能骤进",到陈献章的"疑者觉悟之机也",再到黄宗羲的"疑而后问,问而后知",无一不认为疑是求知进步的必要先机。疑出促进问,问后达到知,知之真切才能信。

质疑教学法的基本框架是:激疑引疑——以疑促学——引导讨论——评议释疑——巩固运用。这就避免了教师灌输知识、教授内容的死板做法,调动学生的思维主动性和问题意识,形成以学生为主体的探究发现的学习。质疑教学法要求学生做到：

一是端正质疑态度：保持高度的质疑精神，勤学好问，把质疑作为提高学习效果的正常途径，从肯疑到能疑。实践证明，疑问、矛盾、问题是思维的"启发剂"，能使学生的求知欲由潜伏状态转入活跃状态，有力地调动学生思维的积极性和主动性。因此教学中学生在进入一种"不愤不启、不悱不发"的境界，达到一种"心求通而未通，口欲言而不能"的思维状态时，应下意识地成为"疑问"的主体，成为一个释放性的"信息源"，而不只是作为被动的"信息受体"。寻找质疑突破口应紧扣教材却又不拘泥于教材，围绕教学目标和学习目的而又应有所拓展和延伸。选择的疑点应具有针对性、趣味性，既能激发求知欲和好奇心，又能帮助自己在愉悦的状态下获取知识、培养能力。

二是调整质疑心理。多数学生在开始并没有刻苦攻读，也能取得优异成绩。但接下来面对班级中强手如林的现实，极易产生自卑和畏难情绪。在这种情况下，一旦遭遇失败，便会一蹶不振，甚至跌入万劫不复的深渊。这一类学生，就应该不断提高自己的心理承受能力，面对挫折认真分析，要乐观自信，积极寻找解决问题的办法，调整质疑心理，鼓励自己敢疑、乐疑。心理学研究表明：思维的灵活性往往有益于问题的解决。在宽松和谐的质疑心态中，师生平等对话，学生张扬个性，就能以疑促问，以问促学。学生应积极培养和保护自己的好奇心、探索欲，鼓励自己通过质疑，创造广阔的思维空间。

三是提高质疑水平。要用发展的观点看待自己的优缺点，辩证地看待考试成绩。主要是从考卷上发现问题，对自己前一阶段的学习情况进行反思，找出学习过程中的不足，并不断提高自己的质疑难点和质疑技巧，从敢疑、乐疑到巧疑、深疑。为提高质疑质量，学生应有一些自我约束，如：不要为提问而提问；不要一疑就问，每疑必问等。最好是事先能深入文本，反复揣摩，做到书中有我，我心有书，适时质疑，以提出、分析和解决问题。

《论衡·程材》——熟能生巧

【原文】

　　齐部世刺绣,恒女无不能;襄邑①俗织锦,钝妇无不巧。日见之,日为之,手狎也。使材士未尝见,巧女未尝为,异②事诡③手,暂为卒睹,显露易为者,犹愦愦④焉。方今论事,不谓希更,而曰材不敏;不曰未尝为,而曰知不达,失其实也。儒生材无不能敏,业无不能达,志不有为。今俗见不习,谓之不能;睹不为,谓之不达。

——（汉）王充《论衡·程材》

【注释】

　　①襄邑:古县名。治所在今河南省睢县。汉时是著名的丝织品产地。②异:这里作陌生讲。③诡:隐蔽。这里是陌生的意思。④愦愦:糊里糊涂的样子。愦:昏乱,糊涂。

　　王充认为学习过程包括"见闻为"感性认识和"开心意"理性认识两个阶段。所谓"见闻为",就是说,教学中首先要依靠耳闻、目见、口问、手做,直接接触客观事物。王充否认"生而知之"的唯心主义观点,强调学以求知。他认为学习过程,首先要通过感觉器官接触外界事物,从而产生感觉和印象,即感性认识。王充认为这是认识的最根本的条件,圣人也脱不了,所以他说:"日见之,日为之,手狎也。"他很重视日见日为的作用。一个普通妇女经过日见日为也能刺绣织锦,并能熟能生巧。相反,如果不是日见日为,即使是聪明的"材士"和"巧女",叫他们去刺绣织锦,也显得十分笨拙。不与外界事物相接触,不目见、耳闻、口问、手为,就不能学得知识。

许多学生不是总怵作文吗?王充送学习策略来了:熟能生巧。当然,不是要像"恒女"那样"日为之",作文有作文"熟"的功夫——积累。具体地说,就是要积累生活素材,积累语言词汇,积累思想情感。

一是必须积累生活素材。生活素材的积累,首先必须牢固地树立生活即语文的观念,把学习的目光从课内转移到课外,从学校转移到社会,把日常生活都当成是学习语文的大好机会,热爱生活,贴近生活,感受生活,这样你才会感到语文学习具有广阔的天地,语文学习并不枯燥乏味,而是充满生机与活力,充满无限趣味,从而就能为写作挖掘出素材的活水源头,养成良好的语文学习习惯,这是至关重要的一环。

二是必须积累语言词汇。作文写作要诉诸语言文字,因为表达同一个意思,不同的人会用不同的语言及表达方式,但其中必有优劣之分,这就要看各自的语言造化之功。汉语言文字是有限的,其语法结构及句式也是简单的,但是它们在具体的应用中,却千变万化。一个熟练地掌握这些汉字及语法知识的人,不一定就是一个熟练的语言文字的应用者。语言应用是建立在大量语言积累基础之上的,并在实践中反复历练,最后方能熟能生巧,为我所用。

三是必须积累思想情感。有了生活素材、语言词汇的积累,但无思想情感注入,写出来的文章只不过是生活的翻版,必然缺乏艺术的品位和震撼人心的情感魅力。为什么许多学生作文空洞干瘪,无生动性可言?究其原因就在于他们缺乏思想情感的积累,他们用情感干涸的心灵去面对生活,面对大自然,这怎么能有生动的作文?

"巧妇难为无米之炊"。若用情感的火花去点燃词汇之柴,就能煮熟生活之米,从而写出情动辞发、血肉丰满的文章来。

《荀子·劝学》——锲而不舍

【原文】

积土成山,风雨兴焉;积水成渊,蛟龙生焉;积善成德,而神明自得,圣心备焉。故不积跬①步,无以至千里;不积小流,无以成江海。骐骥一跃,不能十步;驽马十驾,功在不舍。锲②而舍之,朽木不折;锲而不舍,金石可镂③。"

——《荀子·劝学》

【注释】

①跬:古代的半步。古代称跨出一脚为"跬",跨两脚为"步"。②锲:用刀雕刻。③金石可镂:金,金属;石,石头。镂:原指在金属上雕刻,泛指雕刻。

"积土成山","积水成渊","积善成德"——并非荀子爱用"积"字。几个"积"字,道出一桩"秘密":人的道德与知识皆是一个不断积累的过程。尽管儒家的"渐悟"与佛家的"顿悟"有着很大的区别,尽管茅塞顿开的个案是有的,但对于绝大多数人而言,他们总是在渐积的过程中逐步养成品格、积聚学识、形成人生观和价值观。

实践证明，目标明确，精神专一，就能积而成之。我国晋朝有个文学家左思，幼时曾专攻书法，但无所成；后又致力于弹琴，成绩依然平平。他的父亲就对他失去了信心，对朋友说："唉，左思的智力和才能还赶不上我呢！"左思听后受到极大的触动，从此发奋苦读，立志做出一番成就。经过十年的"锲而不舍"，终于"金石可镂"，写成了使"洛阳纸贵"的《三都赋》。所有成就事业的人，在前进的道路上，都是靠着这种"锲而不舍"的精神，最终取得成功的。

在教育教学中提倡"日常行为规范"的养成训练，强调德育的生活化，注重兴趣与习惯的培养……都是符合"锲而不舍"的认知规律的。而我们一些同学，看到一本好的小说书，就想当作家；看到陈景润摘取数学王冠，就想当数学家；参加一次演唱会，又想当歌星。像这样没有明确目标，不能"锲而不舍"，怎么能够有"金石可镂"的成效？

这又从另一个角度告诉我们，在学习实践之中要有急事慢行的平和心态，不可急功近利，产生"三下五除二"的急切期待。一是要遵从客观规律，以抽丝剥茧的方法，在日常学习与生活中进行"正向"积累，不断吸附营养元素，增强生命成长的正能量。二是要有敢"锲"善"镂"的实干精神，坚持"不舍"的学习策略，学会在积累的过程中"渐悟"，感悟到欲速则不达的人生哲理。三是要从小处着手，关注生活细节，关注环境熏染，关注因子集聚，培养完善的道德情操和知识储备的能力，养成"不舍"的良好习惯，于人生的自觉中逐渐"可镂"。四是要充分照顾人与人的个性差异，有的放矢地调整"不舍"与"可镂"的学习节奏，让自己能各得其所，在"锲而不舍"的努力下，终于"金石可镂"，成长为时代与社会所需要的有用人才。

《礼记·学记》——善学师逸

【原文】

善学者师逸①而功②倍,又从而庸③之。不善学者师勤而功半,又从而怨之。善问者如攻坚木,先其易者,后其节目,及其久也,相说以解。不善问者反此。善待问者如撞钟,叩之以小者则小鸣,叩之以大者则大鸣;待其从容,然后尽其声。不善答问者反此。此皆进学之道也。

——《礼记·学记》

【注释】

①逸:安闲,这里指费力小。②功:效果。③庸:功劳。

入校伊始,学生之间的成绩差异并不大,但随着岁月的推移、学习科目的增加,差异就会逐渐拉开。究其原因,学习得法与否不能不说是重要的因素之一。良好的学习方法不是一蹴而就的,从"不善学"到"善学",需要学生在学习中不断总结提高。

一是用好工具书。通过查字典独立预习课文。提倡人手一册工具书,常备常翻,养成习惯,将以前学到的有关知识,在不断应用中巩固、提高。养成了勤查工具书的习惯,就等于有了一位终身相伴的良师益友。

二是养成记课堂笔记的习惯。认真听讲，做好必要的笔记。根据每堂课的教学目的、教学重点等内容，记好笔记，以备课后复习巩固。记笔记是一项十分重要的能力，学生应认真对待，勤奋练习，做到"由少到多，由慢到快，由易到难"，逐步提高。

三是锻炼质疑问难的能力。根据阅读提示、课文内容、课后练习以及教师讲解或板书等，提出自己在学习过程中碰到的疑难问题。学生入学后，面对的是新环境，接触到的是新老师，读到的是新课本。只要勤于思考，在学习过程中定会遇到不少新问题，并渴望得到解决，以满足所特有的求知欲。爱因斯坦说："提出问题比解决问题更重要"。学生如果在读书时能提出有质量的问题，就如同找到了一条自主学习的有效途径，成了学习的主人。

四是养成自觉看报读书的习惯。报刊是大千世界的缩影，是生活的百科全书。为及时获取多方面的信息，适应现代信息社会生活和工作的需要，读报必不可少。开始可每天摘录评点一二则报刊新闻，拓宽知识面，感受新气息。一般可每周课外读一本书（或杂志），阅读时，可用铅笔勾出生字难词，画出关键语句，圈出精妙之处；结合自己的体会，练习批注，评点文章内容，评注文章写法，品味文章语言。坚持每周写一篇读书笔记，养成"不动笔墨不读书"的良好习惯。

五是培养书面表达的欲望与兴趣。要留意周围的生活，从生活中获取表达的材料。无论是来自课文的震撼，还是读书看报得到的启发；无论是国际风云，还是人情世故，只要有灵感火花闪现，都要拿起笔，及时记下来。分门别类，坚持天天练笔。

学生重视对学习方法的研究，不仅能提高自己的学业成绩，更重要的是能掌握良好的学习方法，有利于走出校门后自己去独立去获取知识。时代已步入21世纪，我们面对的是席卷全球的信息化浪潮和高科技的迅猛发展以及网络化、智能化、数字化的全新环境，在校学习的时间毕竟有限，获得的知识也有限，而掌握了良好的学习方法，成为一个"善学者"，犹如掌握了打开知识宝库的"金钥匙"，才能适应社会的创造发展，跟上时代的步伐。

《宋史·欧阳修传》——画地学书

【原文】

欧阳公①四岁而孤,家贫无资。太夫人以荻②画地,教以书字。多诵古人篇章。及其稍长,而家无书读,就闾里士人家借而读之,或因而抄录。以至昼夜忘寝食,惟读书是务。自幼所作诗赋文字,下笔已如成人。

——(元)脱脱《宋史·欧阳修传》

【注释】

①欧阳公:指欧阳修。欧阳修,北宋文学家,史学家。②荻:多年生草本植物,形状像芦苇,地下茎蔓延,叶子长形,紫色花穗,生长在水边,茎可以编席箔。

欧阳修四岁时父亲就去世了,家境贫寒,没有钱供他读书。他的母亲郑氏用芦苇秆在沙地上写画,教他写字,还教他诵读许多古人的篇章。到他年龄大些了,便到就近的读书人家去借书来阅读与抄写。就这样夜以继日、废寝忘食,只是致力读书。在郑氏的辛勤培育下,欧阳修终身苦学不已,最终成为北宋文坛领袖、一代文宗,在中国乃至世界文学史上影响巨大,欧母也成为中国古代最受尊崇敬仰的四位伟大母亲之一。如果说这则典故还只是因为母亲的督导,那么欧阳修长大任职时的

"三上"精神就更值得我们学习：他一生写的文章，很多是在"三上"写成的，即马背上、枕头上、厕所上。

首先，学习"画荻"、"三上"精神，要把读书学习视为求知的钥匙。从政，书籍是多难兴邦的辅弼俊秀；从戎，书籍是攻城略地的倚天宝剑；经世，书籍是为稻粱谋的雨露甘霖；从文，书籍是人类进步的美妙阶梯。列宁曾告诫："第一是学习；第二是学习；第三还是学习。"学，要像一只钻头，去开掘知识的大山；问，要像一把钥匙，去启开疑窦的大门。鲁迅曾自警："倘能生存，我当然仍要学习。"少年好学如日出之光，壮年好学如日中之光，老年好学如蜡烛之光。生命不息，学习不止，求知不断。

其次，学习"画荻"、"三上"精神，要因书制宜有选择性地学。开卷有益，但书海浩瀚，人生精力毕竟有限，要选择好自己所要学习的内容，就必须处理好"多读"与"精读"的关系。一是要尽可能地"多读"（即博学），扩大自己的知识面。二是要有选择性地"精读"（即精学），提高自己的专业水平。读史使人明智，读诗使人灵秀，数学使人周密，物理学使人深刻，伦理学使人庄重，逻辑与修辞使人善辩。泛观博取，不若熟虑而求精思。

再次，学习"画荻"、"三上"精神，要持之以恒。不积跬步，无以至千里；不积小流，无以成江海。对待读书，要有"磨杵作针"的精神，要有耐心与信心。南宋朱熹的说法很为形象："为学正如撑上水船，一篙不可放缓。"这就告诫我们要抓紧时间，要锲而不舍，要持之以恒。顽强的毅力可以征服世界上任何一座高峰。

《荀子·劝学》——学不可已

【原文】

君子曰：学不可以已①。青，取之于蓝而青于蓝；冰，水为之而寒于水。木直中绳，輮以为轮②，其曲中规，虽有槁暴，不复挺者，輮使之然也。故木受绳则直，金③就砺④则利，君子博学而日参省乎己，则知明而行无过矣。

——《荀子·劝学》

【注释】

①学不可以已：求学不可以让它停止，即学习是无止境的。已：停止。②輮以为轮：把它弯曲成车轮。輮：使直的东西弯曲。为：成为。③金：金属，这里指金属制成的刀剑。④砺：磨刀石。

荀子用"青"、"冰"、"木"、"金"等众多物体比喻，为的是揭示一个简明的道理：学不可以已。

自古学有所成之人，必发愤图强，一心求学，但最重要的是不可以自我满足。求学之路无尽，所学亦无尽也，往今所败之徒，皆骄奢安逸之辈，谦和仁义之人，最终定能有所成就。

学无止境这句话就是对求学之路的最好概括。往往求学之人，初窥小径，略有小成之时，便觉已深得此中大义，了然于胸，俨然已成炉火纯青之势，哪还知道天外有天，人外有人？而得大义者，不急不躁，虚心求学，苦于探知，才可达神乎其技、登峰造极的境界。

　　学不可以已，首先要端正学习态度。青之所以青于蓝，冰之所以寒于水，木之所以为轮，金之所以利，都是由于"不可以已"之故。自然界的万物规律使然，人的学习同样也是如此。只有学习渊博的知识，而且每天检验省察自己的行为举止，才能智慧聪明，行为不错。早在先秦时代的荀子已提出了"学至乎没而后止也"的终生学习要求，今人所说的"活到老，学到老"只不过是对它的现代诠释。然而，反观现在有些人，学识并不见得有多么渊博，对日新月异的知识更新不敏感，不同步，不是学无止境、与时俱进，而是墨守成规、固步自封。这就首先要端正态度，自觉地做到"学不可以已"。

　　学不可以已，其次要掌握学习方法。人们凭借车与马能致千里，凭借船与桨能渡江河，也能凭借学习增长才能。具体学习方法有反复诵读、思考探求、远程学习、与同学研讨、以良师为榜样等。这些学习方法对中国教学传统的影响是极其深远的。

　　书山有路勤为径，学海无涯苦作舟。学不可以已。

《报袁君陈秀才避师名书》——秀才三勿

【原文】

秀才志于道，慎勿怪①、勿杂②、勿务速显③。

——（唐）柳宗元《报袁君陈秀才避师名书》

【注释】

①勿怪：荒诞神怪的书不能读。②勿杂：学习要有明确目的，有系统性，不能杂乱。③勿务速显：学习要扎扎实实，循序渐进，不能浮躁。

学生在校，难免面对形形色色浮躁的诱惑。如一部分学生整天埋头于学习，可一段时间过去，结果却出乎意外，眼看着成绩一天天下降，他们止不住浮躁起来，认为自己不是一块学习的料，从此对学习失去了信心。又如另有一部分学生则整天只顾玩耍而忘记了学习，结果在考试中连连溃败。其实他们并不笨，相反，他们在玩耍方面总能非常聪明地想出许许多多的办法。然而，他们就是定不下心来投入学习，最终只能在学业这条路上"跳槽"。

拒绝浮躁，"勿务速显"，才是成功的关键。

首先要拒绝浮躁的学习心态。学习不能急于名利，而要静下心来，安安稳稳地读书，打好基础，让自己的知识更接地气。如今，有些学生喜欢背诵一些所谓的好句、好段（姑且不论这些句段是否值得学生花费宝贵的时间去背诵），用在作文的开头或是结尾，于是"两头锦缎，腹中败絮"的文章出炉了。这样的做法，从根本上偏离了作文的正道，让学生养成华而不实的学风，这样的浮躁是极其要不得的。

其次要拒绝浮躁的学习方法。要根除学习上轻浮躁进的时弊，就务必做到三个"慎勿"："慎勿怪，勿杂，勿务速显"，必须扎扎实实打好基础。学思结合，既要勤学，又要慎思，充分发挥学习的主观能动性。只要认真慎思，一定会有收获。慎思的具体方法，一是不要"悬断"，对别人提出的问题要慎重思考，不要轻率地下断语、作结论。二是要穷究，对学习问题要深入调查、研究、考证，探源索流，要究穷到底，彻底弄清。三是要集思，采取"论说辩词"的讨论学习法，讨论的目的要明确，讨论时要抓住要旨，敞开思想，畅所欲言，既要撒得开，又要紧扣中心，不猎奇务新；既要求同存异，又要融合沟通。通过讨论，集思广益，把那些学习上的重点、难点、疑点弄懂学通。四是要博学，旁推百家、博览群书，既要学好专业课本，又要有目的、有系统地学习课外书刊。只有具备了广博的知识，慎思时才能胸有成竹，精深独到，左右逢源。

《魏书·崔鉴传》——学行修明

【原文】

学行修明①,有名于世。

——（北齐）魏收《魏书·崔鉴传》

【注释】

①学行修明：学问和品行都很出色。修明：昌明。

大概每个学生都想成为一个品学兼优的好学生。在传统观念里："好学生"不外乎就是成绩好，只要成绩好就什么都好。随着社会的发展、科学认识的提高，"好"不再局限于"成绩"，还包括身体素质、心理品质、道德行为等诸多方面。一般来说，做一个"学行修明"的好学生，要从五个方面努力。

一是学会学习。"学行修明"，"学"在当头，所以学生必须要努力学习，学会学习，掌握科学的学习方法，采用有效的学习形式，取得理想的学习效果。对各项课程的专业知识达到巩固、掌握和运用的水平，但也不忽视艺、体、德等方面学习，必须掌握基本技能与知识内涵。

二是学会做人。每个人都要接受几年甚至十几年的学校教育。在学校，学生主要学习文化知识，但最重要的一点就是要学会做人。否则即使有再多的知识，也是无用之人。可在教育改革不断深入、教学条件不断改善、学习环境不断优化的喜人形势下，也出现了一些不好的现象：厌学逃学者有之，打架斗殴者有之，随手乱扔垃圾者有之，经常违反校纪校规者有之，等等。究其原因，就是在"学会做人"这一环没有下足功夫。每个学生都应自觉地坚守"学会做人"的理念，通过自我约束和学校教育，践行社会主义核心价值观，培养高尚的思想情操，学会做人，做一个好人——知书达理，文明礼貌，遵纪守法，懂得廉耻，尊老爱幼，互相谦让，关心社会，奉献爱心，知恩感恩，自珍自爱。

三是学会生活。不少学生感到学习负担重，心理压力大，总觉得时间不够用。很多学生放弃午睡，晚上加班，导致休息时间不充分，疲劳学习，不但对身体有害，而且学习效果也不佳。所以每个学生都必须学会生活，学会照顾自己，要知道身体是革命的本钱，劳逸结合才能取得更好的成绩。

四是学会竞争。自然界的规则就是优胜劣汰。学习也一样，谁的成绩好，谁的表现好，谁就受欢迎。随着各门科目逐步加深，学业负担加重，每位同学都要刻苦努力，否则就会被别人赶上，慢慢落后而被淘汰。所以每个学生都要学会竞争，既要有竞争意识，又要有竞争行动，奋发向上，拼一拼、比一比，争做最后的胜利者。

五是学会吃苦。要想学好各门功课，取得优异成绩，唯一的办法就是"勤"。古人云：书山有路勤为径。一分耕耘一分收获，勤能补拙，勤奋出真知，天才是百分之九十九的汗水加百分之一的灵感等等，都证明了这一点。学习没有捷径，只有勤奋刻苦，才能取得好成绩。

争当"学行修明"的好学生，让青春写满希望，让校园充满阳光。

《论语·述而》——不思则罔

【原文】

子曰:"学而不思则罔①,思而不学则殆②。"

——《论语·述而》

【注释】

① 罔:迷惘模糊。② 殆:通"怠",懈怠,怠惰。

只学习而不思考,就会陷入迷惘;只思考而不学习,则只会停滞不前。相信任何人都能解释这两句话的字面意思,但有多少人能切实体会到这两句话所包含的玄机?孔子不愧是圣人,用简简单单的12个字,就阐明了学习方法的真谛。如果只是读书学习,而不去思考自己为什么读书,为什么学习,不深究读书学习做什么用、怎么用,那么他就会因为只知其然而不知其所以然而迷惘;如果只是去思考自己要读什么样的书,要怎样读书,怎么才能取得书中的真经,等到真的面对书本时却懒得去读,最终就只能永远停在原地。

经验证明,思维在人认识客观世界乃至于科学的发明创造中具有极其重要的作用。读书是易事,而思考是难事,但二者缺一便全无用处。一个人从接受知识到运用知识的过程,实际上就是一个记与识、学与思的过程。学是思的基础,思是学的深化，这正如人摄取食物一样，只学不思，那是不加咀嚼，囫囵吞枣，食而不化，难以吸收，所学知识无法化为"己有"。只有学而思之，才能将所学知识融会贯通，举一反三。

学与思相结合，是掌握知识过程中的必由之路，学习是思考的基础，思考是灵感的源泉。古时候，有个国王让金匠为他制造金冠，怀疑金匠偷了部分黄金，又苦于没有证据，于是他把阿基米德找来，请他帮忙。阿基米德很快得出结论：假如黄金里掺进了白银，制成的王冠一定比同重的纯黄金的要大一些，只是王冠表面不平整，不容易从外表判断，为此，他陷入了苦思冥想之中。一天，他去洗澡，当把身体浸入盛满水的浴盆时，水从盆沿溢出来一部分，他顿时悟出：浴盆中溢出的水正好与自己的体积相同。就这样，他完成了国王的任务，同时发现了著名的浮力定律——阿基米德定律。

学是思的基础，思是学的深化。我们要思考，但不是胡思乱想，而要切合实际。因此我们需要正确地认识自己，既富于理想，又必须脚踏实地去奋斗。我们需要学与思的考验、学与思的洗礼、学与思的启迪，只有这样我们的人生才有意义。

学与思，对陶冶情操、提高素质有着重要意义。人们从中会发觉：没有知识的人常常议论别人无知，有知识的人时时发现自己无知。学习，为求进取；思考，才有发展。面对宏观与微观世界的扩展、知识和信息的爆炸，我们脑袋这台"计算机"就必须有一个很好地处理问题和信息的最优程序。学习和思考密不可分，在学习中有思考，在思考中提出独立的见解，培养自己的独立思考能力和创新能力，来适应时代的要求。

《管子·弟子职》——先生施教

【原文】

先生施教,弟子是则①。温恭自虚,所受是极。见善从之,闻义则服②。温柔孝悌,毋骄恃力。志毋虚邪,行必正直。游居有常,必就有德。颜色整齐,中心必式。夙兴夜寐,衣带必饬。朝益暮习,小心翼翼。一此不解③,是谓学则。

——(春秋)管仲《管子·弟子职》

【注释】

①弟子是则:谓学生当以先生所授教效法之,意即遵照而学习之。则:效法。②服:行。此指身体力行。③"一此不解":犹言专心一意于此而不懈怠。一:专一。"解"通"懈"。

《弟子职》记弟子事师、受业、馈馔、洒扫、执烛、坐作、进退之礼,类近今天的"学生守则"。古代学者奉为"乃古塾师相传以教弟子者"、"古者家塾教弟子之法",是一份非常真实、非常完整、非常宝贵的研究中国历史,特别是中国教育史的文献。此段比较详细地记述了春秋战国时期小学教育的规则和纪律。"小学"这个概念,在古代中国的不同历史时期有不同的内涵。最早"小学"与"大学"对举,是指为贵族子弟而设的初级学校。但从西汉到清末,"小学"指一种学问,即指研究中国语言文字的学问。

我国古代学校教育起源很早,规则纪律相当严明。其中有不少亮点仍值得借鉴。

亮点之一:重视立志。把立志放在学习的首要位置。所谓"志",即指意志、志向,包括思想态度。尤其汉代以后,强调学习必先立志,把立志与勤奋、成就结合起来,形成一种规律性的认识:理智而后勤奋,勤奋而后有成。朱熹甚至将立志比喻为如同人需要吃饭那样重要。孔子认为人的人格力量要比权势大得多,"三军可夺帅也,匹夫不可夺志也"(《论语·子罕》),是其著名格言。培养人格是教育的重要任务,人格力量则来源于意志。

亮点之二:温恭自虚。谦虚才能学到知识。因为不虚心求学,必然眼光狭小,骄傲自大,古人很早就讽刺这种人为井底之蛙,韩愈后来以井蛙为喻发展到以人为喻,说:"坐井而观天,曰天小者,非天小也。"(《原道》)以坐井观天来讽刺那些目光狭小而又不肯虚心求学的人。

亮点之三:重视友谊。人生需要朋友,学生需要学友。友谊的人生意义愈加彰显择友的重要性。简单说,朋友有两种:益友和损友。"大凡敦厚忠信,能攻吾过者,益友也;其谄媚轻薄,傲慢亵狎,导人为恶者,损友也。"(《朱子大全》)与益友交往,好比拥有一笔宝贵的精神财富,西人所谓:"财富不是朋友,而朋友却是财富",终身受益无穷;交上损友,对自己非但无益无用,反而有害。所以一定要谨慎择友。《礼记》中就有这样一个形象的比喻:"与善人居,如入芝兰之室,久而不闻其香,则与之化矣。与恶人居,如入鲍鱼之肆,久而不闻其臭,亦与之化矣。"这个比喻,至今仍闪烁着真知的光彩。

《论语·里仁》——见贤思齐

【原文】

子曰:"见贤①思齐②焉,见不贤而内自省也。"

——《论语·里仁》

【注释】

①贤:形容词用作名词,贤者,有贤德的人。②齐:相同。

人们虽然会赞美跌倒千次仍勇敢站起来的勇气,但仍对其不善于借鉴前人经验的"愚顽"感到惋惜。历史是一部书,先人是一面镜,身边的芸芸众生随时都可以是参照物。为什么不"见贤思齐",以最短的时间,做最佳的选择,创最高的效率?

"见贤思齐"——见到贤人,就应该向他学习、看齐,见到不贤的人,就应该想自己有没有与他相类似的错误,而努力改正。实际上,这就是取别人之长补自己之短,同时又以别人的过失为鉴,不重蹈别人的覆辙,使自己趋于完美。

怎样才能做到"见贤思齐"?

一是要能"见贤"。当今社会竞争激烈,小小校园竞争更甚。夸张了的竞争意识,往往会扭曲我们的视线,见别人不如自己,就讥笑之,轻视之,自己则沾沾自喜，自我感觉良好；见别人比自己强，就贬低之、嫉妒之，不与其交往，言行上将其"封杀"。这都不是"见贤思齐"的正确态度。现代社会知识密集，人才济济，只有做到"见贤思齐"，才能掌握真才实学，赶上强者，你追我赶，相互促进。如果全校学生都能"见贤思齐"，那么这个学校就会言行有序、人心有善、学习有效、发展有望。

二是要能"思齐"。无数事实证明，善于学习借鉴别人的成功经验并非投机取巧，而是开明聪明之举，是走向成功的捷径。这是因为，学习借鉴必须冲破思想的樊篱和自以为是的褊狭心障，对别人的成功经验采取明智的选择，巧妙地"拿来"，取长补短，为我所用，进而使自己的胸襟更加宽阔，眼界更加开阔，思路更加宽广。学习借鉴的聪明之处还在于，只有善于吸取别人的经验教训，才能使自己在探索的实践中少走弯路，少受挫折，进而提高成功的概率，加快进步的步伐，缩短与先进的距离。总之，创新和发展需要学习借鉴，学习借鉴本身也是一种创新和发展，只有学习别人才能丰富自己，超越别人。

三是要有行动。如果一个成绩不太好的人梦想自己的成绩变好，得到老师的赞赏和同学的夸奖，但每天不去努力学习，不去开发自己的潜能，不去丰富自己的知识，只会在那儿空想的话，那他的梦想就永远只能是梦想。今天我们要继承和发扬"见贤思齐"的精神，除了要保持自谦的精神、自信的状态、自律的意识和自责的勇气，更要有自觉的扎实行动。

四是要有突破。学习他人也不能生搬硬套，更不能盲从。知足知不足，有为有不为。"见贤"时要了解别人的"足"与"不足"，然后"思齐"时有所学习和有所放弃。如果不动脑筋，一味机械模仿，就只会使自己永远生活在别人的阴影之下，永远落后于时代的潮流。因此，"见贤思齐"绝不能满足于学到了多少经验和高招，而应该学根本，学实质，深化认识，把握规律，在系统性、规范性上力求新的突破。

《吕氏春秋·诬徒》——不能学者

【原文】

　　不能学者，从师苦而欲学之功也，从师浅而欲学之深也。草木、鸡狗、牛马，不可谯①诟②遇之，谯诟遇之，则亦谯诟报人，又况乎达师与道术之言乎？故不能学者，遇师则不中，用心则不专，好之则不深，就业则不疾，辩论则不审，教人则不精；于师愠③，怀于俗，羁神于世；矜④势好尤⑤，故湛于巧智，昏于小利，惑于嗜欲；问事则前后相悖，以章则有异心，以简则有相反；离则不能合，合则弗能离，事至则不能受；此不能学者之患也。

——《吕氏春秋·诬徒》

【注释】

　　①谯：责备。②诟：耻辱、骂。③愠：怨，对老师的埋怨。④矜：夸耀。⑤尤：优异，突出。

　　"不善于学习的人，跟老师学习态度不认真，却想学得很精；跟老师学习不求甚解，却想学得很深。草木、鸡狗、牛马不能用粗暴的行为对待它们，粗暴地对待它们，它们也会粗暴地报复人，又何况是精通教学的老师和道术的言论呢？所以不善于学习的人，求师学习不忠诚，用心不专一，爱好不深入，学习不努力，辩论起来分不清是非，教育人不精深。埋怨老师，安于世俗，在眼前杂事上花费精力；依仗权势为非作歹，因此沉迷于耍弄奸巧计谋，迷恋微小的利益；疲于满足自己的私欲；处理事情前后矛盾；作文章观点杂乱不一致，即使简单也会有相反之处。分散的东西不能综合起来，综合的东西不能分析，遇到大事不能正确去处理，这就是不善于学习的人的毛病。"

依上所述，不能学者有六"不"表现：对师不忠、用心不专、好学不深、做事不成、论辩不明、效仿不精，不但直接影响学习效果，更左右着终身素养。这段话揭示了建立良好师生关系、同学关系的重要性。密切师生关系，方能解决好"遇师则不中"的问题。否则，师生相与异心，就会互相结怨生厌，如何"能学"？处理好同学关系，方能解开众多"不"的心结。建立良好师生关系、同学关系的方法很多，如双向改善——教师要热爱学生，才能赢得学生的尊敬，也才能获得理想的教学效果。学生则要敬业尊师，与六"不"表现彻底"拜拜"，做一个"善学"、"能学"的学生。又如真诚夸赞——对于他人的成绩与进步，要确定，要赞美，要勉励。当别人有值得褒奖之处时，应毫不吝啬地给予诚挚的赞美，以使得人们的来往变得和谐而温馨。用欣赏的目光去发现别人的长处，去真诚地赞赏和鼓励每一个人，将会产生许多奇迹。再如幽默风趣——人人都爱和机灵风趣、谈吐幽默的人来往，而不愿同动辄与人争吵，或者郁郁寡欢、言语乏味的人来往。幽默风趣是一块磁铁，吸引着大家；是一种润滑剂，使烦恼化为欢乐，使苦楚变为高兴，将为难转为融洽。

《吕氏春秋》总结的为师之道和为学之道，对于今天学生如何学习有着积极的意义。毫无疑问，它有利于学生恰当地自我定位，有利于学生自我省察，有利于学生自觉改进学习方法，有利于和谐师生关系及学生的健康成长，非常值得今天的学生思索品味、借鉴学习。

[1] 关义一郎. 论语古义 [M]. 东京：凤出版社，1973.

[2] 姚丽霞. 浅析论语·学而中的德育思想及现实意义 [J]. 群文天地，2012（05）.

[3] 王红霞. 左丘明思想研究 [D]. 曲阜师范大学，2002.

[4] 邢子民. 左丘明与《左传》关系考 [D]. 山东师范大学，2005.

[5] 黄士毅编. 朱子语类汇校 [M]. 上海：上海古籍出版社，2014.

[6] 程郁缀. 不疑处有疑与有疑处不疑 [J]. 北京大学学报（哲学社会科学版），2009（05）.

[7] 曹儒. 从《朱子语类》看朱熹的教育理念 [J]. 教育探索，2009（05）.

[8] 殷红博. 关键期与潜能开发系列丛书 [M]. 北京：中国戏剧出版社，2005.

[9] 郑合春. 多种教学途径激发学习兴趣 [J]. 科技信息（学术版），2006（11）.

[10] 严宝微. 激发学习兴趣，提高课堂效率 [J]. 成才之路，2010（01）.

[11] 傅佩荣. 国学的天空 [M]. 西安：陕西师范大学出版社，2009.

[12] 陈亮."三人行，必有我师焉"新解 [J]. 中学生数学，2004（09）.

[13] 颜之推. 颜氏家训 [M]. 北京：远方出版社，2004.

[14] 唐翼明. 唐翼明解读《颜氏家训》[M]. 长沙：湖南科学技术出版社；2012.

[15] 陈明，邓中好. 国学经典200句 [M]. 武汉：长江文艺出版社，2013.

[16] 周天."传不习乎？" [J]. 新闻记者，2000（12）.

[17] 王士庆. 吾日三省吾身 [J]. 新课程学习（上），2011（03）.

[18] 胡东芳，孙军业. 困惑及其超越——解读创新教育 [M]. 福州：福建教育出版社，2001.

[19] 郅庭谨. 教会学生思维 [M]. 北京：教育科学出版社，2003.

[20] 赵艳云，薛晓芳. 知疑而后思 [J]. 山西统计，1995（12）.

[21] 王凌皓主编. 董仲舒、王充教育名著导读 [M]. 长春：吉林文史出版社，2013.

[22] 燕国材. 王充的教育心理思想研究 [J]. 心理学探新，2003（02）.

[23] 燕良轼. 现代视野中的中国古代学习策略 [J]. 湖南师大学报, 2012（04）.

[24] 于双成, 葛铁梅. 知识积累——成功与成才的基础 [J]. 图书馆学研究, 1998（03）.

[25] 董先明. 善学者尽其理 [M]. 乌鲁木齐市: 新疆大学出版社, 2009.

[26] 张文. 文言文教学要力避事倍功半 [J]. 昆明师范学报（哲学社会科学版）, 1980（02）.

[27] 银清林. 善学者师逸而功倍 [J]. 中学生数理化（初中版初三）, 2008（01）.

[28] 裴普贤. 欧阳修诗本义研究 [M]. 台北: 台北东大图书有限公司, 1981.

[29] 吴新宇, 隆基, 伯敏. 画获学书 [J]. 教师博览, 1996（12）.

[30] 余强基. 培养学生刻苦学习精神 [J]. 天津教育, 2000（12）.

[31] 张觉. 劝学篇: 荀子 [M]. 长春: 吉林出版集团有限责任公司, 2011.

[32] 阿贝.《劝学》中比喻的妙用 [J]. 运城学院学报, 1984（04）.

[33] 尚永亮. 柳宗元集 [M]. 南京: 凤凰出版社, 2014.

[34] 吕国康. 柳宗元与青年学子的交往 [J]. 柳州师专学报, 2008,（02）.

[35] 杜京容. 论柳宗元的治学思想及启示 [J]. 长春教育学院学报, 2013（04）.

[36] 何明, 姜艳主编. 青春理性思考 [M]. 北京: 北京理工大学出版社, 2010.

[37] 李占军等. 品学兼优学生的消极心理与调解 [J]. 华北煤炭学院学报, 2007（03）.

[38] 房萌. 浅谈如何面对那些具有挫败感的学生 [J]. 北京: 学园 2012（24）.

[39] 申银群. 孔子的"学思结合"思想对语文教学的启示 [J]. 教育探索, 2009（08）.

[40] 褚成红. "学思结合、知行统一"教学法的研究 [J]. 天津教育, 2010（08）.

[41] 梁启超. 管子评传 [M]. 上海: 上海书店, 1986.

[42] 邱文山, 徐君.《管子》的道德观与德育教育 [J]. 青岛教育学院学报, 2001（04）.

[43] 杜世纯.《管子·弟子职》教育思想新探 [J]. 管子学刊, 2005（02）.

[44] 张大维, 高永平主编. 敬奉贤人 见贤思齐 [M]. 上海: 华东师范大学出版社, 2011.

[45] 陈世民等.钦佩感：一种见贤思齐的积极情绪[J].心理科学进展,2011（11）.

[46] 向先梅.见贤思齐 善莫大焉[J].现代审计与经济 2012（05）.

[47] 冯克诚.吕不韦世俗教育思想选读[M].北京：中国环境科学出版社,2014.

[48] 于春海.《吕氏春秋》的教育思想及其现代价值[J].延边教育学院学报,2006（06）.

[49] 庞慧.吕不韦与《吕氏春秋》[J].河北大学学报（哲学社会科学版）,2007（01）.

第五章 中国经典之职业观

《吴越春秋·吴太伯传》——聘弃为师

【原文】

尧遭洪水,人民泛滥①,遂高而居。尧聘弃,使教民山居,随地造区,研、营种之术。三年余,行人无饥乏之色。乃拜弃为农师②,封之台,号为后稷,姓姬氏。

——(东汉)赵晔《吴越春秋·吴太伯传》

【注释】

① 人民泛滥:民众被(洪水)淹。② 农师:农业大臣。

中国古代教师的地位在不同时期有着不同的"命运",而且有一个非常明显的特点,即:教师的地位与政治紧密相连。

教师的雏形来自氏族公社阶段氏族中的首领或者长老。这些长老是一个氏族中最有名望之人,同时也担负着教育的职责,成为最初的"兼职教师"。《吴越春秋》中的"弃",就是一位这样的人。

从"弃"的际遇不仅可以看出"兼职教师"的重要作用,还可以看出那时教育与生产劳动相统一,没有一定的组织与形式,也没有特定的教育场所和教育制度。教师的教育活动基本上都是在生产过程中进行的。

氏族公社末期直至夏商周时期,"官师合一"的制度成为反映教师地位的缩影。那时的教师便由行政首领担任,即我们常说的"官师合一";同时德高望重的老人也在学校中担任教师,对贵族子弟进行"六艺"教育。自然,这时的教师是具有崇高地位的,不仅由于教师拥有丰富的生活经验和社会关系,更多的可能要归功于其浓厚的官员背景。夏商周时期的"学在官府"、"官师合一"直接贯穿于中央和地方的体系当中,教师也有"国学"、"乡学"两种。这种制度奠定了中华教育思想的政治伦理基础,教育领域的"官本位"思想也滥觞于此。

春秋战国时期"私学"繁荣。私学不仅打破了"学在官府"的教育垄断局面,也使得教师这个职业更加专业化、职业化。也正是从这个时期开始,随着教师官府背景的暗淡和消失,教师的地位开始出现动摇,其命运很大程度上掌握在执政者的手中。以孔子为例,孔子虽被封为"万世师表"、"圣人",但是也感受着这种处境的世间冷暖,品尝凄凉心酸。

秦始皇实现统一大业后,再次"复古式"地实现了"官师合一"。这在教育发展史中是一次典型的倒退。汉朝教师的地位历经转折,但不论执政者的政策如何,其终极归宿仍然是依靠教化实现国家的管理。在这里,教师与政治再次实现了关系的整合。魏晋南北朝至唐朝时期,教师的地位又一次发生了转变。在韩愈的《进士策问十三首》中曾描述这一时期教师"岌岌可危"的地位:由汉氏已来,师道日微,然犹时有授经传业者,及于今则无闻矣。

元明清时代教师的地位已经不可同日而语。教师在某种程度上只是一个小官的代名词。

但从古至今,尽管教师地位起落不定,人民大众对于教师的敬畏之心、赞扬之情却毫不吝啬,更有文人学者通过各种方式表达出对教师这一职业的崇敬。教师作为一项职业,其运作要符合职业本身的发展规律和社会对职业发展的需求,服从当政者对职业发展的规划;同时教师作为培养人的职业,需要教师本身更多地注重职业的内涵和对教育事业的热爱,做好本职工作,传道授业。毕竟教师价值观与上层建筑核心价值观的互动也是教师这个职业赖以生存的基础。简而言之,教师需要"与时俱进"、"淡泊名利"。

《病起书怀》——未忘忧国

【原文】

病骨支离纱帽宽,孤臣万里客江干①。

位卑未敢忘忧国,事定犹须待阖棺②。

天地神灵扶庙社③,京华父老望和銮④。

《出师》一表通今古,夜半挑灯更细看。

——(宋)陆游《病起书怀》

【注释】

①江干:江边。②阖棺:盖棺。③庙社:宗庙社稷,指国家朝廷。④和銮:天子的车驾。

"位卑未敢忘忧国",与顾炎武的"天下兴亡,匹夫有责"同属古今传颂的励志名言。它总结了中华民族热爱祖国的伟大精神,揭示了人民与国家的血肉关系——无论置身什么岗位,只要辛勤工作,努力奉献,就是爱国,就是忧国。说到底,这是一种责任心。

责任心是促使一名教师干好教学工作的有效推手,是战胜教学工作中诸多困难的强劲抓手,是出色地完成教学任务的得力助手。选择了教师这一职业,就等于选择了责任。

一个有责任心的教师，起码应当做到：

一是尊重教师职业。人们经常这样讴歌教师职业："人类灵魂的工程师"、"天底下最光辉的职业"、"燃烧自己却照亮别人"，等等。教师本人应以从教为荣，敬业爱岗，"位卑未敢忘忧国"，对教学兢兢业业，为人师表，讲究师德，视教书育人为自己的神圣职责，视学生为祖国的未来，以端正的工作态度，饱满的工作热情，吃苦耐劳的工作精神去做好教学工作。

二是提升教学水平。学无止境，教无止境。在平时的教育教学中，教师要多向书本学习，多读教育经典，多读专业著作，多读教育报刊，多读人文书籍，拓展知识视野，积累丰富学识，扩充教学能力，丰富教学经验。不断学习，不断更新知识，提升教学水平，适应时代变化，满足学生越来越广泛的知识需求。

三是优化心理素质。学校是"清水衙门"，教师是"苦行僧"行当。"位卑未敢忘忧国"，既然选择了教师这个职业，就意味着要守得清贫、耐得寂寞、舍得刻苦。教师的付出和报酬是永远都不可能画上等号的。教师除了完成八小时工作之外，课外还会付出许多无形的劳动，这些都不可能用金钱衡量。虽然这些付出也许换不到金钱，但是换得了学生的成长、家长的信任、自己的进步，这何尝不是一种回报，一种心灵的慰藉。这是教师的职业操守。因为——所谓"责任"，就是最基本的职业精神。

《论语·述而》——默而识之

【原文】

子曰:"默而识之①,学而不厌,诲人不倦②,何有于我哉?"

——《论语·述而》

【注释】

①默而识之:默默地记住(所学的知识)。②诲人不倦:教人不知道疲倦。

早在2500年前,作为万世师表的孔子就把"诲人不倦"作为教师个人修养要达到的境界之一。在2500年后的今天,中国人力资源开发网发布的中国"工作倦怠指数"调查显示,50.34%的教师存在着不同程度的职业倦怠状况。教师的职业倦怠是由于教师长期工作在充满压力的情境中,工作中持续的疲惫感及在与他人相处过程中的挫折感加剧,最终导致其情绪、认知、行为等方面表现出精疲力竭、麻木不仁的高度精神疲劳和紧张状态,属于一种非正常的行为和心理。教师的职业倦怠心理直接影响到教师的心理和生理健康,使其工作热情和创造激情备受损耗,并成为导致教师厌教、教育水平难以发挥甚至人才资源流失的重要原因,直接影响到教育质量。

导致教师职业倦怠的因素可分为两个方面，即内因和外因。内因包括个人能力、自我效能感、个体期望、控制点等，外因包括工作因素、职业因素和组织因素等。

孔子早就提出了一些应对职业倦怠的方法，很值得我们借鉴和思考。

一是保持学习热情。作为教师，要保持高涨的学习热情，真正做到"学而不厌"。有学习热情的教师，会用开放的心态对待周围的新事物，不断吸纳和接受新的思想和知识，并从学习中感受和体会知识的力量，获得学习的满足与快乐。现在，有不少教师不能很好地接受并适应社会的变化，不适应课程改革的新理念以及学生发展的新特性，在不适应的不断积累和持续的工作压力之下变得倦怠起来。因此，通过学习来更新教师自己内在的原有的认知结构，提高自身业务能力，从而最大限度地减少对环境和工作的不适应，是解决教师职业倦怠的行之有效的方法。

二是提升业务能力。教师应不断提高教学能力，以应付不断提高的教学要求和不断变化的工作环境。经验证明，当个人的工作能力不足以应付工作要求时，个人很容易产生职业倦怠感。所以，教师应该向书本学习、向同事学习、向学生学习，不断总结工作经验，提升业务能力。这样，教师就能轻松地面对工作要求，避免职业倦怠。

三是树立远大目标。对教育事业的热爱是教师勇于面对工作压力的动力源泉，也是教师缓解职业倦怠的"良药"。当然，教师也是一个有七情六欲的凡人，可能会因为理想与现实的差距而发生某种动摇。只有调整自己的期望，真正地认识到教师职业的伟大和崇高，体会教育工作的意义、价值和责任，才会发自内心地爱上教育事业。这份发自内心的爱会带给教师工作的激情、克服困难的勇气和不断进步的动力，"诲人不倦"就成了自然而然的结果。

四是加强个人修养。教师要不断完善自己的个人修养。对自己要做到自信、自强、自立、自尊，对同事要做到密切配合、友好相处，对学生要充满耐心、循序渐进。个人修养是心理健康的重要标志。良好的个人修养不仅有助于人们维护自己的身心健康，也有利于避免职业倦怠，达到"默而识之，学而不厌，诲人不倦"的理想境界。

《答韦中立论师道书》——抗颜为师

【原文】

由魏晋氏以下，人益不事师①。今之世不闻其师，有，辄②哗笑之以为狂人。独韩愈奋不顾流俗，犯笑侮，收召后学，作《师说》，因抗颜③而为师。

——（唐）柳宗元《答韦中立论师道书》

【注释】

①益不事师：更加不尊奉老师。②辄：就，副词。③抗颜：犹言正色，谓态度严正不屈。

尽管授业之师早就出现，而教师职业则是近代职业社会形成以后基础教育普及达到一定阶段的产物。随着教师职业的形成，便出现了一些教师职业道德问题。

在教师职业组织产生以后，教师职业组织也像其他行业的职业组织一样，为了维持职业声望，逐步建立起职业规范，其中包括职业道德，以约束业内人员的职业行为。不过，教师职业又同一般自由职业有别。因为作为"公共教育机构"的学校，须接受教育行政部门的管理。在有些国家，教育行政当局也制定必要的教师行为规范，其中包括教师道德规范。独立的教师职业组织制定的职业道德规范，主要诉诸舆论（尤其是业内舆论）与个人良心的调节，而教育主管当局厘定的教师道德规范，其性质近于行政纪律。

无论是教师职业组织的自律，还是来自教育行政当局的他律，大都以制约教师行为的起码的准则为限度（多为戒律），才较为可行——这便是"若违背某条戒律，舆论将谴责其失德"的那种限度。因为在社会规范体系中，道德规范本身就属于起码层次的行为准则。

中国古代的"师道"，属于教师应有的教育价值观念，旨在使授业过程成为儒家道统传承的过程。它只适用于有如此价值追求的教师，一般教师未必有如此追求。而"师德"则属于所有教师都不可违背的行为规范，有舆论或行政的强制力支撑。正由于有效的师德规范只是教师职业行为的道德底线，也就不足以激发教师更为高尚的职业追求。

进入 20 世纪以后，"学校社会化"成为时代的需求。相应地，它要求教师不仅对知识负责、对学生负责，而且要对社会负责，其教育教学都该具有社会价值。这便是所谓的"教师的职业精神"。相对于这种职业精神，"为教育而教育"的"师道"，本身虽然不错，但视野毕竟比较狭窄，因而不妨把"教师的职业精神"视为与"师德"并行的"现代师道"。古之"授业"，相当于今之"教书"；古之"传道"、"解惑"，相当于今之"育人"。只是今之"育人"，重在发展学生健全的人格；而古之"传道"，旨在赓续自孔孟以来儒家的道统，并不介意学生人格健全与否。自然，现代教育亦把社会核心价值观念蕴含在健全人格之中。"现代师道"也因之具有与时俱进的内涵。

如此说来，"现代师道"当指教师对其执教的知识负责，对其执教的学生负责，对置身于其中的社会负责。这便是将教学—教育作为自己的事业的具体体现。而体现教师对知识负责、对学生负责、对社会负责的不可违背的行为准则，则应成为"现代师德"的基本内涵。

《荀子·礼论》——礼之三本

【原文】

天地者，生之本①也；先祖者，类之本也；君师者，治之本也。无天地恶生？无先祖恶出？无君师恶治？三者偏亡焉②，无安人③。故礼上事天，下事地，尊先祖而隆君师，是礼之三本也。

——《荀子·礼论》

【注释】

①本：根本，本源，基础。②焉：则。③无安人：指人们不得安宁。

教师是"治之本"，直接关系着国家的兴亡。荀子提升了"师"的地位，明确形成了"天地君亲师"这一中国传统社会最重要的精神信仰和象征符号。教师是"德"的培育者和"行"的倡导者，是实现社会"德治"的主导。教师有崇高地位，从事教师职业是莫大的荣幸。教师在传授知识的同时，还将对学生进行思想、道德、价值观的培育，从而大道传延，泽被后世。如此也赋予教师以职业要求：

一是立定师道。师者，传道授业，故应立定师道、悉心为教。教人者立定"教"这一过程，专注于"教"这一事业，才能在实践教学中积蓄力量，既可实现自我能力的提升，又给学生树立敬业爱岗的榜样。教师应敬重所从事的教育事业，专注教育事业是社会发展、国家进步的保障。

二是身正为范。教师要身正,至少要做到五点:(1)刚正不阿;(2)诚实笃信;(3)谦虚谨慎;(4)诲人不倦;(5)淡泊寡欲。教师"身正为范"的终极意义在于培育学生健康的道德观和正确的价值观。人是环境的产物。在教育教学环境中,教师起主导作用,教师"身正为范",便能在一定程度上成为学生效仿的榜样,从而形成良好的学风和校风。

三是勤勉治学。教师授业解惑,传授学生知识,自身应该对所授知识有全面的理解。教师善思明辨、勤勉问学,既是成己的必然要求,又是正人的基本举措。世上没有不学就能知道的事,亦没有仅仅靠思考就能理解的问题。只有学才能成功,唯有问才会知道。教师还应博通古今,以海纳百川之情怀,通贯诸家学说,以应对学生对知识的渴求和探知。

四是熟读精思。教师的勤勉治学是以熟读精思为根基的。熟读而能够精思,充分理解原作者的意思,并结合阅读者自身的学识与修养,实现对阅读文字意涵的重新诠释。教师不是传声筒,亦不是书本知识的背诵者,而是知识的讲解者和创作者。教师在学习的过程中,在提升自我身心修养和知识储备的过程中,要对知识有清晰的、逻辑的分析和感悟,并能够通过自己的语言与思维传授于受学者。

五是教学相长。教师授学他人,应知难而进、知困而学。教是检验学之效果的最直接手段;学是实现教的合理性、准确性、思想性和时效性的基础。学而忧则教,教而困则学,学以致用,教学合一。师生是互相促进、共同进步的教学活动主体。师生在和合共存的教学过程中,围绕知识的积累、道德的培养和思维方式的训练等方面互有启发,从而真正实现教学相长。教师应该懂得向学生学习,故步自封只会与时代脱节,最终沦落为"古董"。

探赜古人师德思想,洞察前贤师德风范,古为今用,可为当代教师师德的培育提供思想资源和人格榜样。

《论语·为政》——知之为知

【原文】

子曰:"由①,诲②女③知之乎?知之为知之,不知为不知,是知也。"

——《论语·为政》

【注释】

①由:孔子的弟子。②诲:教。③女:同"汝",你。

孔子对弟子由的这番话,强调的重点是诚实这一品格,在学问面前,每个人都应该做一个诚实的人,自然、质朴,不矫揉造作,不懂不要装懂。这是一种认知观念。对于文化知识和其他社会知识,人们应当虚心学习、刻苦学习,尽可能多地加以掌握。但人的知识再丰富,总有不懂的问题。那么,就应当有实事求是的态度。只有这样,才能学到更多的知识。这里面有几层意思:

其一,不知为不知。《汉书》中有个小故事:汉文帝视察圈养野兽的上林苑,问上林尉苑里野兽的情况,问了十几个问题,尉不能尽答。文帝颇不满,以为此尉无能,打算撤其职而任用另一个对答如流的手下。后经大臣张释之的一番劝说而作罢。上林尉不能尽答皇帝的询问,当然可说是未尽职守。但他不妄答,不吹牛,实事求是,知道的就是知道,知道几分就是几分,不知道的就是不知道,仍有其可取处。

其二，不知且不论。这里也有个小故事：孔子的思想是入世的，重现实与人事的。弟子问及神鬼幽明之事，他称"不语怪、力、乱、神"。他认为，在现实生活中我们尚且不能很好地处理人际关系，又如何能去从事神怪之事？孔子于神怪之事付之阙如，避而不谈，意味着既不肯定其有，也不肯定其无，对不知道的事物采取存而不论的态度。大智慧如孔子，尚且如此主张，那么普通教师当然不可能样样都知道。除了神怪幽明之事外，承认有所知、有所不知，是一种老实的态度，也是最聪明的态度。唯其有所"不知"，才能成其"有所知"。

其三，敢于答"不知"。学问愈深，未知愈重；越是学识渊博，越要虚怀若谷。作为教师，对不知道的东西，我们不仅应当老实地承认"不知道"，而且要敢于说"不知道"。在我们身边，不懂装懂、自以为是、因羞于脸面而不敢去问的大有人在，这种心理和思想大大抑制了教学效果，抵消了学生的求学激情，使学生的骄傲自满、虚荣心理潜滋暗长，因而就没有了"无知感"、"求知欲"，"不知"便以为"知"，这才是最可怕的无知。那种自诩或表现为无所不知的"名师"，不仅其学识而且其人品也都是值得怀疑的。

当然，作为教师，应当尽量地博学多知，应当知道的知识一定要"知之"，但永远不要以为自己知道一切，更不要将"不知"充"知之"，否则就是真正的无知。

《王阳明全集》——师严道尊

【原文】

古之教者,莫难①严师。师严道尊,教乃可施。

——(明)王阳明《王阳明全集》

【注释】

① 莫难:最难不过。

古今中外的教育,因为教师严格而道理又具权威性,教学才可以实施。由此可见教师在教育中的分量之重。唯其如此,人们将满腔尊师之情注入对教师的称谓——

(1)老师,最广泛流行的敬称。中国古代称教书者为"师",并把"师"的地位与天、地、君、亲并称,可见"师"的地位之高。

(2)先生,最历史悠长的尊称。"先生"是对教师最古老、最悠久的称谓,已经流传了几千年。古代称教书者为"先生"、"私塾先生"、"教书先生"等,这是人民群众对教书者的敬称。在现在教育界,"先生"的称谓规格被提高了,人们把资深的、德高望重的教师称为"先生"。

(3)人类灵魂工程师,最富哲理的称谓。"人类灵魂工程师"一词原是苏联教育家加里宁所用:"很多教师常常忘记他们应该是教育家,而教育家也就是人类灵魂工程师。"从此,"人类灵魂工程师"成为老师特定的称谓,这也是社会给予教师的崇高赞誉。

(4)园丁,最质朴无华的褒称。人们把孩子比喻成幼苗,而培育这些幼苗教师就像辛勤的园丁,用智慧、爱心和汗水浇灌、培育、呵护着园子里的每一株幼苗,使之茁壮成长。因此,把老师称作园丁是最质朴、最形象、最富有田园诗意的比喻。

(5)慈母,最真情感人的爱称。中国古人云:"师如父母",这充分体现了中华民族"尊师爱师"的传统美德,也体现了老师"爱生如子"的高尚师德。

(6)春蚕,最纯挚的称谓。人们生动地把教师比作"春蚕",赞美教师就像春蚕一样"吐尽心中万缕丝,奉献人生无限爱"。"春蚕"的称谓是对老师的无私奉献精神和高尚品质给予的高度评价。

(7)蜡烛,最温馨动人的称谓。蜡烛照亮别人燃尽自己的品质,使人们联想到教师把自己的知识传授给学生,用智慧和品格之光照亮学生前进的航程,这种无私奉献精神不正是对人民教师的最生动的比喻吗?

(8)孺子牛,最具中国特色的喻称。"孺子牛"精神表现为"默默耕耘、任劳任怨","吃的是草,挤出来的是奶"。这些优秀品质都集中体现在广大教师身上。因此把教师称作"孺子牛"是最具中国特色的褒奖。

(9)春雨,最生动形象的默称。"好雨知时节,当春乃发生。随风潜入夜,润物细无声。"人们把教师比作"春雨",把学生比作"春苗",广大教师甘化春雨润蓓蕾的高尚情操,为"春雨"的称谓增添了无限光彩。

(10)人梯,最高评价的专称。人们把"人梯"比作是"那些为别人的成功,而做出自我牺牲,无私奉献的人",无怨无悔,不图所求,甘作人梯,让学生踩在自己肩膀上更上一层楼的自我牺牲、无私奉献精神,是每一位教师的共同追求和理想,"人梯"因此成为教师们最光荣和最贴切的称谓。

《史记·报任安书》——发愤所为

【原文】

文王拘而演《周易》；仲尼厄而作《春秋》；屈原放逐，乃赋《离骚》；左丘失明，厥有《国语》；孙子膑脚，兵法修列；不韦迁蜀，世传《吕览》；韩非囚秦，《说难》《孤愤》；《诗》三百篇，大抵贤圣发愤之所为作也。

——（汉）司马迁《史记·报任安书》

【注释】

文王、仲尼、屈原、左丘、孙子、不韦、韩非等均系曾经患难而发愤有为的"贤圣"之人。

《报任安书》是一篇激切感人的至情散文，是对封建专制的血泪控诉。司马迁用千回百转之笔，表达了自己的光明磊落之志、愤激不平之气和曲肠九回之情。辞气沉雄，情怀慷慨。

更让人感悟至深的是周文王、孔子、屈原等古圣先贤身处逆境愤而有为的典故，援古证今，明理达情，让人们更深刻地感受到了伟岸的人格和沉郁的感情，看到了他们炼铸了从容面对挫折的坚强意志和处逆境而奋斗不已的钢铁决心。

正确地理解顺境与逆境的关系和意义，也是教师职业的题中之义。在顺境中谦虚谨慎，不骄不躁，保持清醒冷静；在逆境中不惊慌失措，垂头丧气，灰心失意，而是泰然处之，斗志旺盛，应对从容，是教师具备职业操守的表现。

人们往往把逆境看作人生中纯粹消极的、应该完全否定的东西。诚然，在逆境中工作，增加教学难度、降低教学效率，使人产生挫折感等心理压力或不良情绪，但逆境确实能够考验人的精神，磨炼人的意志。古往今来的事实证明，很多时候，在困难重重的逆境中，成功往往在于再坚持一下的努力之中。因此，任何逆境与磨难都不是我们畏葸不前的借口。逆境与磨难可以让我们学会把命运掌握在自己的手中。路在自己的脚下，通向成功目标的每一步都应该由我们自己。当教学中这样那样不顺利的现实摆在面前时，不必抱怨，勇敢面对。我们不难选择客观条件，但我们绝对有办法选择面对的方式。我们也许不希望面对逆境，但我们绝对不害怕逆境，因为逆境和磨难可以培养人的意志品质，给予人毅力和勇气，让人变得坚强。坚强的毅力和超人的勇气，恰是成功的决定性因素，而这样的毅力与勇气，只有经历过逆境的人才能得到。

逆境与磨难是一种真正的财富。从事教师职业的人，更需要这样一笔财富来充实自己。

《论语·述而》——吾无隐乎

【原文】

子曰:"二三子①以我为隐乎?吾无隐②乎尔。吾无行而不与二三子者,是丘也。"

——《论语·述而》

【注释】

① 二三子:这里指孔子的学生们。② 隐:隐瞒。

孔子表明作为老师,自己的言行、思想都可以公开,自己的知识、学问、道德、文章都可以向学生传授,没有什么可以隐瞒的。两千年漫长的封建社会发展进程中积淀了博大精深的文化与文明。受传统文化的影响,在中国师生交往史上,专制性的师生关系一直存在着,师生关系的尊卑贵贱现象至今在一些教师身上仍有表现。不但在孔子时代人们认为作为老师总有某种神方秘笈,即使在今日,也常见学生们向老师询求"秘方"、"秘诀"。其实在师生关系上,孔子和他的弟子为我们树立了良好的师生关系的典范,突出表现在"平等"二字上。

一是尊重学生,教育平等。尊重是平等的基石,只有互相尊重,才会互相平等。在教育层面上，孔子及其弟子堪称平等师生关系的典范。孔子跟弟子相处，最难能可贵的一点是教育平等。"有教无类"，这是孔子教育思想的根本，不论贫富、贵贱、老幼、国籍，对所有的人都施行教育。孔子弟子三千，多出于贫寒之家。颜回、原宪、曾参等人，生活困苦，饥寒交迫，孔子照样收他们为徒，开创了中国平民教育的先河。不管品行善恶、习性优劣，孔子对所有的人都平等地加以教育。子路比孔子小九岁，生性粗鄙好勇，曾当面羞辱孔子，可孔子还是设法诱导，改变其操守，最终使其成为最亲密的弟子之一。孔子对学生的教育秉承"一视同仁"的思想，孔子和他的弟子把"仁"当作最高的目标，在"仁"面前，人人平等，学生也无需受到老师的压力，遇到行"仁"的时候，对老师也不必谦让。

二是关爱学生，友谊平等。学生是有思想、有情感、有意志的人，渴望得到教师的关爱，从而"亲其师，信其道"。孔子和他的学生感情深厚，情同父子，对弟子毫无保留，从来不对弟子隐瞒什么，也从不厚此薄彼。对性格不同的学生，孔子一视同仁，师生关系和谐，亦师亦友。《论语》记载：伯牛德行很好，却身患重病（据说是麻风病），孔子前去探望，从窗口伸进手去握住伯牛的手，哀叹道：这么好的人却得了这么恶的病。孔子对弟子的爱如此深厚，显示了孔子师德的伟大。反思现在的教育，教师体罚学生、学生恶搞老师的事件时有发生，师生关系紧张，甚至师生关系对立，严重伤害了师生之间的友谊，致使师生难以建立民主平等的关系。孔子在这方面为我们提供了一个很好的借鉴模式。

三是相互切磋，教学平等。对话教学是当代教学的重要模式之一，对话教学的基础是平等和谐的师生关系。在教育过程中，孔子特别重视跟弟子相互切磋，主张教学相长和有效对话，使教和学形成良性的互动，充分调动学生的积极性，激发学生思考，学生可以向老师提出不同意见，甚至提出批评，孔子也常常在学生面前暴露自己的思想感情，承认自己的错误和不足。

当然，教育目标与教学内容不同了，照搬孔子的师生关系是不现实的。但我们可以借鉴其师生关系的"平等"内核，平等地对待每一位学生，使之成长为建设祖国的栋梁之材。

《离骚》——上下求索

【原文】

朝发轫于苍梧兮,夕余至乎县圃,欲少留此灵琐兮,日忽忽其将暮。吾令羲和弭节兮,望崦嵫而勿迫,路曼曼其修远①兮,吾将上下而求索②。

——屈原《离骚》

【注释】

①修远：遥远而又漫长。②上下而求索：上天下地到处去寻觅。

求索使人生更精彩。人类走过的历程就是一个不断求索的历程。因为求索，我们不再对自然畏惧；因为求索，我们不再担心黑暗；因为求索，我们了解了自身的起源；因为求索，社会才不断地向前发展。求索的精神一直伴随着我们。

而对于教师，求索精神更有着双重涵义——一方面率领学生在学海求索探秘，一方面自己不断地求索提升。教书育人是一条"曼曼其修远"的"路"，如何坚持"上下而求索"，"秘诀"有五。

一是矢志求索。忠诚教育事业，热爱教师职业，精心传道授业。端正自己的教学思想，把教书育人当作一件"乐事"，当成一种"人生的享受"；不断学习，打下坚实的知识基础，练好教学的基本功，把握住课程标准，细细地研究各学段的课标要求，做到心中有数；在课堂教学上突出重点，随课堂生成而随机应变。

二是善于求索。把日常教学和上公开课、优质课、竞赛课、示范课看成是一种学习。吸纳别人之所长，海纳百川，为我所用。不断地探索、研究、运用一些课改理念，诸如"发挥学生学习的主体作用、教师的主导作用"、"教师是课堂教学的引导者、合作者、参与者、促进者"、"充分体现以人为本、关注每一位学生的发展"、"把轻松愉悦带入课堂，让学生乐学"等等新理念，充分体现师生合作、交流、民主、探究的学习形式，形成自己的教学风格。

三是积极求索。要有积极的竞争意识，养成一种乐观、自信、积极向上、敢于创新、不甘失败的心态，因为这是教学成功的必备条件。

四是扎实求索。实现"三新"、"五化"、"四到位"：理念要新，方法要新，内容要新；教师角色转换要到位，教师示范要到位，学生交流合作要到位，学生知识、情感体验要到位；教学导入情境化，教学设计问题化，教学氛围民主化，解决问题活动化，教学过程生活化。

"路曼曼其修远兮，吾将上下而求索。"求索不止，捷报不止。

《战国策·邹忌讽^①齐王纳谏^②》——了解自己

【原文】

邹忌修八尺有余，而形貌昳丽。朝服衣冠，窥镜，谓其妻曰："我孰与城北徐公美？"其妻曰："君美甚，徐公何能及君也！"城北徐公，齐国之美丽者也。忌不自信，而复问其妾曰："吾孰与徐公美？"妾曰："徐公何能及君也！"旦日，客从外来，与坐谈，问之客曰："吾与徐公孰美？"客曰："徐公不若君之美也！"

明日，徐公来。孰视之，自以为不如；窥镜而自视，又弗如远甚。暮寝而思之，曰："吾妻之美我者，私我也；妾之美我者，畏我也；客之美我者，欲有求于我也。"

——（汉）刘向《战国策·邹忌讽齐王纳谏》

【注释】

① 讽：讽谏，用暗示、比喻之类的方法，委婉的规劝。② 纳谏：接受规劝。纳：接受，接纳。

了解自己可能比了解别人更难，但我们又必须比谁都了解自己。人生就像汪洋大海，我们就像驾驭着自己躯壳的舵手，必须顺利、圆满地驶向彼岸。如果对自己不够了解，就会像不够了解自己船只的船长一样，在大风大浪面前拿不定主意。

战国时期，齐威王的相国邹忌长得相貌堂堂，他问妻："我同城北徐公相比，谁漂亮？"妻说："徐公哪里比得上您！"城北的徐公是齐国的美男子。邹忌不相信自己会比徐公漂亮，就又问妾："我同徐公比，谁漂亮？"妾说："徐公怎么能比得上您！"他又问来访的客人："我同徐公比，谁漂亮？"客人说："徐公不如您漂亮。"这天，徐公来了，邹忌仔细比较，觉得自己远远不如徐公漂亮。后来邹忌终于明白了："妻子认为我漂亮，是偏爱我；妾认为我漂亮，是害怕我；客人认为我漂亮，是有求于我。"于是，邹忌上朝拜见齐威王，用这个例子劝谏齐威王不要受蒙蔽，要广开言路，结果邻国都来朝拜，不用兵就战胜了敌国。

这则故事告诉我们，人要不能清楚地了解自己，就会迷失在别人或环境制造的假象中，就不能作出准确的判断。而周围的人为了各种各样的目的，是很乐意给我们制造这种假象的。

其实，比谁都了解自己并不太难，但收获却无限大。这种了解就像一把最公平的标尺，时时提醒我们不犯错误，校正我们的偏差，让我们在正确的方向上，最迅速、最直接地到达人生的目的地。

作为教师，了解自己、超越自己有着更深远的意义——不但能有效地提高教学质量，还可以充分发掘自己的潜力，为教育事业做出更大的贡献。

《史记·李将军列传》——桃李不言

【原文】

谚曰:"桃李不言,下自成蹊①。"此言虽小,可以谕大也。

——(汉)司马迁《史记·李将军列传》

【注释】

① 蹊:小路。

司马迁在他的《史记》中对李广称赞有加:"桃李不言,下自成蹊"——桃树、李树不会说话,但因其花朵美艳,果实可口,人们纷纷去摘取,于是便在树下踩出一条路来。比喻为人真诚笃实,德才兼备,自然能感召人心。

"桃李不言,下自成蹊"这句成语是对昔日马上将军人格的生动概括,也应是今天教师职业的无形目标。

教师的光荣使命就在于"教书育人",它所体现的是"教学教育"的双重任务。教师所从事的工作是十分琐碎的,也是十分繁重的,但只要用一颗真诚的心去观察、体悟、践行和总结,将会得到"下自成蹊"的快乐。

一是"率先垂范"。教师要注重自己的一言一行,对自己要严格要求。首先,说话要算数,要讲诚信,答应学生的事情一定要力争做到,不能去搪塞或者欺骗他们；学校的规章制度和自己定下的要求不能朝令夕改，否则就会产生信任危机，学生就不会认真遵守，从而会一点点失去教师的权威性。其次，行动要带头。要求学生去做的，自己一定要先做到，给他们一个好榜样。比如班级卫生，如果教师发现有一点果皮纸屑就亲自拣起来，看见物品摆放不整齐就亲自把它们摆放整齐，那么学生就会养成良好的卫生习惯，就会很自觉地去保持班级卫生。

二是"一视同仁"。"平等"二字对于学生尤为重要，切不可偏向班中少数学生，要一碗水端平。常说"好学生，坏学生"，其实学生并无好坏之分，往往是教师带"有色眼镜"看成的，或以学习成绩的优劣划分的，这很不公平。"金无足赤，人无完人"，再讨人厌恶的学生也有优点。要信任学生的能力，让他们充分行使管理自己的权利。要下决心甩掉"有色眼镜"，拆毁成绩"框框"，关注"弱势群体"，实现齐头并进。

三是"理解万岁"。理解是沟通的桥梁。学生正处于青春期，心理特点复杂，波动性大，逆反心理强，他们迫切要求与大人们平等相处，追求自由，所以老师家长必须多研究他们的心理，多理解关心他们，多给他们自由，勤沟通，时刻注意其思想的动向，如早恋、自卑、网瘾现象，切不可以采取简单粗暴的强制方式，而要采取疏导的方式，指出害处并加以制止。

四是"四心合一"。爱心、责任心、细心、耐心，一个都不能少。教师要有一颗爱生之心，用爱心去呵护和温暖学生。责任心是教师的一种职业精神，要时刻谨记教师责任才会做好教书育人的工作。要有一颗细致入微的心，从而及时发现和解决问题。教师还要学会等待，要有足够的耐心去等待学生的进步与发展。

《周易·乾》——厚德载物

【原文】

天①行健，君子以自强不息。地势坤②，君子以厚德载物③。

——《周易·乾》

【注释】

①天：即自然。②坤：坤相，其义为"顺承"。③厚德载物：增厚美德，容载万物。

作为君子，应该有坚强的意志和永不止息的奋斗精神，努力加强自我修养，完成并发展自己的学业或事业，这样做才体现了天的意志，不辜负宇宙给予君子的职责和才能。

作为一种精神力量，自强不息、厚德载物已经渗入中华民族的精神血脉中，成为中国文化不可或缺的精神因子。早在1914年，梁启超在清华大学作题为"君子"的演讲时，即以"自强不息"为中心，激励清华学子发愤图强："君子自励犹天之运行不息，不得有一曝十寒之弊……且学者立志，尤须坚韧强毅，虽遇颠沛流离，不屈不挠。若或见利而进，知难而退，非大有为者之事，何足取焉。人之生于世，犹舟之航于海，顺风逆风，因时而异。如必风顺而后扬帆，登岸无日矣。"又提到了"厚德载物",以为"君子接物,度量宽厚,犹大地之博,无所不载,君子责己甚厚,责人甚轻"。梁启超通过对这两句话的分析,要求莘莘学子既要像天体运行那样,有着刚健有为、奋发进取的精神;又要像大地包孕万物一样,有一种兼容并包、广收博采的精神。

"自强不息"与"厚德载物"是中国传统文化的精神命脉,也是教师职业生生不息的精神源泉。自古以来,取得成就的人都是经历过"自强不息"与"厚德载物"的磨炼的。没有人在出生时就能预见未来。没有天生的大智,并不能说明你不能成功,因为勤能补拙。

一个职业教师,就应当学习和效法自然界的生生不息、日新月异的精神,勇于拼搏,不断创新。"自强不息,厚德载物"是一种积极的教学态度,也是一种人生追求的境界,是对老师职业的深刻认识和理解。一个教师只有对教育充满热情和信心,才能始终如一地在教学中坚持这种生命不息奋斗不止的精神,才能在教书育人时,心胸开阔,志存高远,与人为善,处理好师生关系和同事间的人际关系。

真正的智慧总是与自强相连,真正的哲人必然像大地一样宽厚。让所有教师养成"自强不息,厚德载物"的精神,在气节、操守、品德、教学等方面都不屈不挠、战胜自我、永远向上,力争在教学与师德方面都达到最高境界。

《岳阳楼记》——天下忧乐

【原文】

先天下之忧而忧,后天下之乐而乐。

——(宋)范仲淹《岳阳楼记》

【注释】

宋朝时期,滕子京因遭诬陷被贬到岳州当知府,重新修复了岳阳楼,范仲淹受他的嘱托写了这篇《岳阳楼记》。

"先天下之忧而忧,后天下之乐而乐",它的本义就是"在天下人忧愁之前就忧愁,在天下人快乐之后才快乐",体现了诗人忧国忧民、关心国家大事的高尚情操。

这句名言除了寄托作者以天下为己任的政治抱负,还有别层寓意,比如:吃苦在前,享乐在后。现在教师常常抱怨条件不好,环境不佳,实在令人难解。俗话说:"从来好事天生俭,自古瓜儿苦后甜。"青年时代的毛泽东在湖南长沙第一师范求学期间,从没有放松过对身体和意志的锻炼,常通过游泳、登山、露宿、长途步行来砥砺自己艰苦奋斗的品格。我们常说"生于忧患,死于安乐",当年毛泽东能"主动找苦吃",我们又为什么不能"踏尽崎岖路"呢?

"先天下之忧而忧,后天下之乐而乐"的另一个引申义是积极向上、奋发有为。

当然，"先天下之忧而忧，后天下之乐而乐"的含义远非如此。我们经常温习这句名言，经常保持这种观点，能使我们认清事物的本质，不断鞭策自己、警戒自己、完善自己。

过去读书人有谚云：不读《出师表》，不知何为忠；不读《陈情表》，不知何为孝；不读《岳阳楼记》，不知何为政。作为教师，可以说：不读"忧乐"句，不知何为教。许多名家名作因历史的变迁而被冷落，甚至被淘汰，但是，"先天下之忧而忧，后天下之乐而乐"这句言却如一棵千年古槐，经岁月的沧桑，愈显其旺盛的生命力。原因在于它的思想含量：教育思想、人格思想和政治思想。"先天下之忧而忧，后天下之乐而乐"成为一份独特的文化政治遗产，归纳起来有三点，就是启示我们怎样做人、怎样做事、怎样治学。

首先是做人——做人要有独立精神，有志气而无奴气；要有牺牲精神，在大是大非面前，做到林则徐所言"苟利国家生死以，岂因祸福避趋之"。范仲淹之所以名垂千古，核心在于他的人格精神和修养，达到了"不以物喜，不以己悲"的人生境界。

其次是做事——做事要有理性精神，实事求是不盲从；"先天下之忧而忧，后天下之乐而乐"对政治文明的贡献，集中体现在一个"忧"字上。用现代政治术语来说就是：正确处理师生关系和上下级关系，这也是每一个教师都要面对的问题。做学生爱戴的教师，就必须树立为学生服务的思想，为民从教，为生执教，为国兴教。除了积极投入到教育改革，践行教学创新，还要敢说真话，肯办实事，勇于担责，锐意改革，努力做个有见地、做实事的教师。

再次是治学——主要是治教育之学，治教学之学，治教书育人之学。

《颜氏家训·勉学》——春华秋实

【原文】

古之学者为己，以补不足也；今之学者为人，但能说之①也。古之学者为人，行道以利世②也；今之学者为己，修身以求进也。夫学者，犹种树也，春玩其华，秋登③其实。讲论文章，春华也，修身利行，秋实也。

——（北齐）颜之推《颜氏家训·勉学》

【注释】

①说之：向他人炫耀夸说自己的才学。②利世：造福社会。③登：同"得"，摘取。

用颜之推的镜子来映照当前教育界，他的这段语录可理解为：有的教师治学是为了充实自己，弥补自身的不足；而有的教师治学是为了对别人炫耀并夸夸其谈。有的教师治学是为了广利大众，造福社会；而有的教师治学是为了自己利益，以求得名利双收。

不必讳言，现在有的教师，和"古之学者"的距离，根本不在于知识的有无、深浅、新旧、厚薄，或是治学方法、途径上的差异，而在于出发点的不同。古人为了成就自己的精神气质而笃实践行、治学求教，今人往往是为了一些具体的名誉利益去读书学习，这种所谓的"学者"，看起来好像"为人"，其实是在"为己"，其结果也只能是误人子弟，又误己前程。

有这么一则小故事，说一个年轻人想在武功上有所建树，每日闻鸡起舞、苦练功夫。等他学有所成时，才知皇帝好文，当朝武人难有出头之日。于是他偃武修文，发奋攻读诗书经史，数十年后终于成为一名儒者。岂料，继位的新君好战，一味重用武将，并不看重文士。这位老先生再掉头想习武，只可惜身体、精神早已不济了。

读这个故事的时候，也许很多人在笑话这个"允文允武"的"追风族"。可是我们在实际中，常常也会有他那样的想法或做法，比如：是不是过分掂量自己专业、职业"有没有用"了？是不是太看重自己专业、职业能不能与"现实"、"当下"合拍了？很多青年朋友，因为类似的观念而没有学习自己真正喜欢、热爱的专业，没有从事自己真正想从事的职业，一味"追风"。到头来，往往是既没能在这一方面有所成就，心灵也没能获得愉悦与解脱，岂不悲哉哀哉？至于时下不少所谓的"专家"、"学者"，整日空谈义理，痴迷于"终极"、"本体"，满口"价值"、"意义"，瞧不起教书育人之类的具体工作，这样的人连学术殿堂的门径都没抓摸着，怎么可能会有大学问与高水平？春之不华，秋焉有实？

为学，不仅在求知，以知为用，而且要以学求道，籍以成性成德。如果把为学的目的完全当作谋取个人利益的工具，或者说治学目的被过于功利化、工具化，而漠视为学的提升人性和人格境界的内在价值，那么就会形成诸多不良学风。时下学术腐败的种种现象如低水平重复、粗制滥造、泡沫学术、假冒伪劣、抄袭剽窃、沽名钓誉、学位注水以及学术评审深度腐败等等，其形成的原因固然是多方面的，但从学者主体上来检查的话，主要是学风不正，即"为人之学"的不良学风。教育只有以促进人的个性发展为目的，提高人的内在价值，肯定人的主体地位，增加人对改造自然改造社会的自由度，才能成为推动社会进步的积极力量。因此教师应当自觉地继承和弘扬"为己之学"的优良传统和学风，建立教学规范，维护教学尊严，提高教学效果。

《孟子·尽心上》——君子三乐

【原文】

孟子曰："君子有三乐，而王天下不与存焉。父母俱存，兄弟无故①，一乐也；仰不愧于天，俯不怍②于人，二乐也；得天下英才而教育之，三乐也。君子有三乐，而王天下不与存焉。"

——《孟子·尽心上》

【注释】

①故：事故，指灾患病丧。②怍：惭愧。

没有教师的生命质量的提升，就很难有理想的教育质量；没有教师的精神解放，就很难有学生的思想放飞；没有教师的教育创造，就很难有学生的创造精神——所以，"得天下英才而育之"就成了人生"三乐"之一。

教师有三种类型："生存型"教师把教师看成是知识的搬运工，把教师工作看成是无可奈何的选择，把教师职业当成"跳槽"的过渡。"享受型"教师把学生的成长当成教师最大的快乐，对教学工作充满热爱，在付出和给予中获得内心满足。"发展型"教师则处于服务社会和完善自我的状态，即主要是从自身和社会需要出发，站在超功利的角度，以完善自我、为社会做贡献的立场看待自己的职业。

"得天下英才而育之"成为人生"三乐"之一，那么当自己已经成为"得天下英才而育之"的教师时，就有必要时常"咨询"自己三个问题。

其一：是否对自己的教学活动经常进行反思和研究？目前学校的教师大体都是以学科教师的身份出现在教育活动之中。学科教学蕴含着真、善、美。"真"体现在教学内容符合科学性的要求，遵循学生身心发展的规律，实现知识逻辑和心理逻辑的统一。"善"要求通过言传身教对学生进行道德教育，当然，教学永远具有教育性，它渗透着丰富的情操教育、理想教育和人格教育。教师在学科教学中的"美"通过生动形象的教学过程和富于生活化的情境问题设计展现，学生学习刻骨铭心，教学效果则立竿见影。

其二：是否把终身自我教育作为教学的推动力？教师应有更高的教学追求，在教师这一平凡的职业中找到自己的位置。即便是在条件极其艰苦，生活非常清贫的情况下，也会怀着热忱，带着浓厚的兴趣，无怨无悔，从付出给予中获得内心的极大满足。"台上一分钟，台下十年功"并非夸张之辞，反复琢磨最终呈现在课堂上的，无疑是一堂精雕细琢的好课，而课后写教学反思、订改进方案、作再次演练等等，无一不是为教师的终身发展奠基，无一不是为教学质量的提升加油。

其三：是否有给予也有收获？教育过程是对知识的活化过程，是师生经验的分享过程。知识的活化建立在教师对本学科专业知识的深刻领会和准确把握基础之上。只有有了这样的基础，教师的课堂教学才会有那么一份自信和自如。

教师职业的对象是生命的灵动，在教育教学过程中，学生不再是知识的容器，教师也真正从一个"教书匠"转变成学生学习的"合作者"和"指导者"。教师职业生活的意义在于，承认、尊重并积极引导学生的独立性，帮助学生"起飞"。做一名"发展型"的教师，树立服务意识——为学生服务，为家长服务，为集体服务，不断更新自己的教育理念，创造性地劳动，不断地发展和完善自我，最终实现自身的价值。

《孟子·尽心上》——求则得之

【原文】

孟子曰:"求则得之,舍①则失之,是求有益于得也,求在我者也。求之有道②,得之有命,是求无益于得也,求在外者也。"

——《孟子·尽心上》

【注释】

①舍:放弃。②有道:有一定的方法。

孟子在这里已经讲得非常清楚了,那就是追求不能丧失了本心。这里有两方面的意思,其一,追求某种事物,不是想一定要成功,就是不去追求这件事物,只有这样才能有益于成功,所以从主观上是强调它的执行性,以及做事情的决心,而不是搪拖不定。分内之事,只要通过努力就一定能做得到。其二,就是先为自己找了个退缩的借口,寻求某种事物要有它的方法,假若自己没有成功,那就是怪自己没有这方面的命运了。而这种追求不是自我能够实现的,因为这是我们自身以外的事物了,比如金钱、荣誉等等。这种东西可以去寻求,但这都是顺其自然的事,属于分外之事,只要我们虔心地做了,那么成不成功我们都问心无愧。

其实,教师平时的日常生活与教学工作也是一样。不应该怀揣太多的顾虑,干一件事情，就应当定下心来，努力地去做，肯定会收到一定的成果。有时总是想得太多，找不到追求的本心，心态上就不会坦然地去面对。例如，对于课堂教学，对于课外活动，对于学生纪律，对于课改目标等等，教师每天都要悬挂于心，如果是一份单纯的责任感，当然是好的；倘若是整天患得患失，犹豫彷徨，那就值得推敲了。倒不如径直投入去干自己的工作，而不是对每堂授课、每次活动、每段课改妄加揣摩而举棋不定。要怀着"必须"、"一定"的决心鼓励自己：一定会做到，一定会做好；即使一遍不成，也不能产生退缩之心。倘若先有了成不成这是自己的命运的消极念头，那么就会遭遇很多失望。

当然，想要取得教学的成功，必须遵循一定的教学规则。或盲目努力，或一味循规蹈矩，都是不可效法的。方法上要不断创新，策略上要不断改良，事情就会得到事半功倍的效果。不一定非指改天换地改朝换代的大事，也不一定要求个个都去做那叱咤风云的英雄人物。在一定的时代和环境影响下，只要坚持奋发向上、自强不息，平凡的教学事业、普通的教师岗位，一样可以闪耀人生的辉煌。例如授一堂新课，怎样导入，知识树怎样结构，有多少重点、难点，怎样用线串起来，怎样联结成面，最后怎样有机组合等等，都是需要通过既遵循教学规律又体现教学创意的有效方法才能实现的。否则，成功就容易和我们擦肩而过。

"求之有道，得之有命"。对教师来说，这是一种哲意的提醒——在教学上始终要保持一种坚守的态度，不是知难而退，而是不屈不挠，积极进取。属于自身的，如知识的积累，思想的修养，人生境界的提升，坚持追求教师职业道德的自我完善等。这种追求全在于自我，只要坚持追求，便可以一分耕耘一分收获，种瓜得瓜种豆得豆。而对于身外之物，比如额外的奖励，或者种种的名利，不要去刻意追求，也不需过多去思考，而是要顺其自然。就像孔子对待金钱富贵的态度："如不可求，从吾所好。"（《论语·述而》）——如果是不可求的，那还是让我做自己喜欢的事吧。

《孟子·离娄上》——自暴自弃

【原文】

孟子曰:"自暴①者,不可与有言也;自弃者,不可与有为也。言非②礼义,谓之自暴也。吾身不能居仁由义,谓之自弃也。仁,人之安宅也;义,人之正路也。旷安宅而弗居,舍正路而不由,哀哉!"

——《孟子·离娄上》

【注释】

①暴:损害,糟蹋。②非:诋毁。

自暴自弃是成功的大敌。或因事业不顺而自卑自贱,或因胸无大志而自甘落后,或因不愿学好而自甘堕落,自己糟蹋自己,自己抛弃自己,真是"不可与有言也","不可与有为也"!

不过,今天在教师职业范畴使用这个成语时,多半指那些遭受挫折后不能重新振作者:一堂课的差强人意,一个学生的逆反心理,一场考试的成绩走低,一次职称评定的小不如意……都可能成为自暴自弃者过不去的"坎",都可能成为自暴自弃症的诱因。

其实,漫漫人生路,总会经历这样那样的挫折。挫折会让人感到沮丧、无助甚至是绝望。但若一遇挫折就自暴自弃,那是懦夫的表现。战胜挫折,需要坚持三点。

一是冷静面对。经历挫折之后,要认真分析遭遇挫折的原因,找出整改的办法,这样才不会重蹈覆辙,才会有下次的进步。一堂课的小小失误,并不注定一辈子失误;一个学生这次教育的失利,并不等于所有学生都失利。当然,这并非鼓励为自己的挫折找借口。关键在于意识到自己的不足,并发自内心去改正,在挫折中前进,让挫折变得富有意义。

二是校正目标。也许,目标在生活中并不起眼,但它对教学生涯却有重大的意义。没有目标的教学,就犹如没有感情的机器,令教学枯燥无味。但若有了遭遇挫折后通过校正的一个实际目标,就拥有了教学的动力和激情,就会焕发出刻苦用功的精神和坚持不懈的毅力,它如同黑夜中一盏发光的灯,点燃教师心中的希望之火与"不到黄河心不死"的顽强心劲。在完成任务的过程中,不仅可以体会到大功告成的喜悦,还会得到目标带给你的额外动力,使你将目标完成得更加完美。

三是坚定信念。挫折是精彩背后的一道风景,几万年前的原始人类就是从一次次的挫折中成长起来的。他们遇到各种挫折、饥荒、野兽袭击、酷暑、严寒、疾病……每个挫折都关乎着种族的生死存亡。这一次次的失败使原始人类吸取了教训,他们在失败中思考,在挫折中实践,最后摸索出了门道,从上万个原始物种中脱颖而出,进化为地球上最聪明的物种。如果没有挫折,没有失败,人类可能只是一群不会思考的猿猴。当前,尽管大部分人都"青睐"顺利,而看不见挫折,可挫折仍是那么重要。成长因为有了挫折才少了一次迷失,多了一个方向。成功的道路需要坚韧的品质和不屈的精神,何尝不更加需要挫折的助攻。教师需要挫折的历练,从而使自己蜕变。只有历经挫折的风雨洗礼,我们才能留下教坛拼搏的痕迹,才能创造教师职业的价值,才能书写凤凰浴火的意义。可以说,如果一个人的一生一直一帆风顺没有挫折,那这个人的人生是不完整的。因此,我们应当坚定信念,正视挫折,笑对挫折,用勇敢坚强、永不言败的态度积极面对挫折,通过一次又一次的奋力拼搏战胜挫折。

《随园诗话》——文星皆曲

【原文】

有磨①皆好事,无曲②不文星。

——(清)袁枚《随园诗话》

【注释】

①磨:磨炼。②曲:曲折巧妙。

好事多磨,文星皆曲——面对这样的人生规律,教师需要做足三个方面的"功课"。

一是要有正确而积极的职业观。有一个正确积极的职业观,才能用有利于成功的职业观来指导自己的行动,从容地投入教师职业,尽可能地从教学工作中发现其中的价值和乐趣。

人生不可能一帆风顺,教师职业的道路也有很多坎坷,遭遇诸多磨炼。这时,就要具有"有磨皆好事"的心态,分析一下所遭遇的职业磨炼:风险、变化、问题、矛盾、障碍、困难、挫折、诱惑等。这些磨炼既有来自外部的,也有来自自身的。外部问题如:教育改革所致的异动,国家政策倾斜度调整引发的学校、专业和职业前景变化,所在学校或系班内部调整或转型,因创先评优导致的职业竞争,学校领导或同事发生恶性事件或者恶性伤害，亲善关系提供极富诱惑的机遇，需要放弃教师职业，等等。内部问题如：教师职业观念进入误区，自己想错了但意识不到；痴迷于业余爱好，玩物丧志，等等。

二是要调整好自己的职业心态。在很多情况下，外部问题往往是内部问题招来的。也有一些情况，由于外部问题出现，内部问题才开始呼应。而堡垒往往先从内部攻破。一个人如果内心坚定，即使遭遇外部问题，也会审时度势，做出正确的判断。但是，如果一个人内部问题过多，一定会影响职业前景，必须动手解决。

一系列内部问题的出现，很多都与职业心态有关，比如懦弱、贪婪、懒惰、短视、虚荣等。所以，端正职业心态是教师化"磨"为"好"、遇"曲"成"星"的最重要策略。

三是要树立应有的使命感。使命感并非空洞概念，它具有神奇的力量，可以把不可能的事变成可能。许多人从来不考虑使命问题，即使知道自己应负的使命也不在乎，所以无法自己掌握命运。使命感强的人，会努力地去实践，境界就高，心劲就足；没有使命感的人，走一步算一步，境界就低。一个人只有积极地寻求自己的使命感，才能增强战胜困难的决心和力量，才能提高自己的生存境界，活出自己的人生精彩，成其"好事"，荣膺"文星"。

《东周列国志》——仁者智者

【原文】

仁者①不乘危以邀利②，智者③不侥幸④以成功。

——（明）冯梦龙《东周列国志》

【注释】

①仁者：有同情心的人，尊重和爱护别人并愿意帮助他人的人。②邀利：谋求私利。③智者：集聪明、见识和计谋于一身的人。④侥幸：企求非分，意外获得成功。

冯梦龙用很文学的语言讲了一个很哲学的道理：一个有同情心又尊重、爱护并愿意帮助别人的人，绝不乘他人有危难的时候，帮助人又与人讲条件和价钱，企图捞什么好处。聪明又有见识的人，做起事来，靠事前考虑周到、细致，靠自己的能力取胜，绝不莽撞行事，不靠偶然的运气赌输赢。

活到老，学到老，人的一生都是一个自我完善的过程，学习应该是没时间约束的，古人的"学富五车"，应该不是一朝一夕能够做到的，那是一个漫长而艰苦的历程。诚然，人们说学习可以改变命运，改变未来，但不是每个人都是为了此目的而学习的。曾有这样一位"现代隐士"，博学多识，"家藏万卷书"却以鱼耕为生，劳作之余仍是苦读不已。其儿、媳都是受过高等教育的，可也是选择和他一样的生活方式，或有不解者问他："既学之不用，又为何要学？"他答曰："人可无仕，不可无识。"此答果然经典！尤其在这个人才济济、行业膨胀的速食时代，学习的目的不能单一地被看作是为了谋取一职一位，学习是为了增加智慧，开阔世野，扩展思维，提高自身的修养和素质。

不排除现实中人们对于学习的看法不尽相同，或对于金钱的追求更甚于学习。有钱的人不一定肯学习，有学问、做学问的人不一定有钱。人们把好教师分为三种：第一种是帮助学生树立坚定信念和良好价值观的教师。一念成佛，改写人生。第二种是培养学生良好习惯的教师，习以为惯，受益终生。第三种是把很难自学的知识和技能传授给学生的教师，端稳饭碗，无忧终身。人生是道多选题。但无论你作何种选择，总不要跳出了"仁者"、"智者"的界外。

《史记·高祖本纪》——运筹帷幄

【原文】

夫运筹①帷幄②之中，决胜千里之外，吾不如子房。

——（汉）司马迁《史记·高祖本纪》

【注释】

①筹：计谋、谋划；②帷幄：古代军中帐幕。指拟定作战策略。引申为筹划、指挥。

教师虽非武职，但一样要有奋斗目标，一样要历经事业征途，一样要努力拼搏，一样要战胜自我，因此，也一样要"运筹帷幄"——

首先，成功源于想法。所谓"想法"，包括实现成功的技能、天赋和特征。一是有梦想。对教师职业有极为明确的目标，清楚地知道自己的奋斗方向，有着坚强的意志力，睿智而富有思想，不会轻易地被别的想法和观点左右，从不为自己没能完成的事情寻找借口，总是能完成一些其他人认为不可能完成的任务。二是有野心。对于成功有着强烈的欲望，拥有高度的热情、使命感和自信心。一贯地非常自律，拼命努力工作，甚至加班加点。为了完成好教学工作，愿意付出任何代价。三是有后劲。对教学工作不是"一阵风"，而是"一根筋"。完成一个阶段目标后，有巨大的满足感和"再战"欲。往往因自己正在做的事情而激动，并将这种激动传染给其他人，从而将人们笼络在自己的周围，成为教学上的"战友"。四是有定力。专注于自己的"想法"，不会受到其他事物的干扰。每一次决定之前，"舍得"多花一些时间去"运筹"，仔细研究各种相关的因素和事实，充分地讨论和思考，一旦作出决定，果断地付诸实施，绝不拖延时间，绝不短斤少两。教学工作繁忙而卓有成效。五是有办法。保持识破机遇的机敏，能够在最大限度内运用自己的技能、天赋、精力和知识，做那些必须做的事情，而不仅仅是做那些喜欢做的事情。六是有责任。从不寻找借口，从不怨天尤人。大到教学计划，小到教学用语，一旦犯错时，承认它、改正它，然后继续前进。绝不浪费时间、精力、金钱去为之辩解开脱。

其次，兴趣激发潜能。兴趣是人们最大的优势。一个人可能有多项潜能，但他能够做得最成功的，必定是他最感兴趣的。教师要善于看好自己的兴趣，激发自己的潜能，不让自己的潜能酣睡不醒。经验证明，人的潜能一旦被激发便锐不可当。而能够引导这些才能的就是兴趣。

《申鉴·俗嫌》——不受虚言

【原文】

不受虚言①，不听浮术②，不采华名③，不兴伪事④。言必有用，术必有典，名必有实，事必有功。

——（汉）荀悦《申鉴·俗嫌》

【注释】

①虚言：不真实的话。②浮术：不切实际的方法。③华名：浮华的名声。④伪事：虚伪的事。

学校并非世外桃源，教师也是血肉之躯，"浮术华名"的毒素自然也多有蔓延——学校虽非政界，却也存在着以短时和表面政绩骗得赏识、捞取"政绩"的现象；至于教师个体，"浮术华名"更是形形色色：弄假文凭、假论文骗取升职晋级者有之，明言暗示索取学生钱财者有之，拉拢学生为自己的教学投票加分者有之，削尖脑袋谋求"主任"、"处长"职位者有之，慷公家之慨收买"专家"给予好评并以此作为"政绩"升官发财者有之，一贯腐化堕落靠"关系"、"门路"明降暗升异地为官者有之……"浮术华名"严重败坏了校风、学风、教风，损害了教育事业，异化了教师队伍，削弱了教育能力，破坏了教学质量。教育改革要深入发展，就必须坚决反对"浮术华名",崇尚求真务实。

善做伪事者,必是虚伪人。夸夸其谈、好大喜功历来为国人所不齿。在利益多元、诉求多样的今天,如果教师满嘴"假大空",连野猪都骗不了,学生怎么会信任?心术不正者则往往喜弄浮术,不学无术者也往往只会搞些浮术。浮术的实质在于投机取巧、偷奸耍滑、弄虚作假。空谈误国,实干兴邦。教师要杜绝巧言令色、舌生莲花的浮术,要言行一致,以朴实的学风、教风来反对"浮术华名"。

"大人不华,君子务实。"反对"浮术华名"要以踏石留印、抓铁有痕的干劲,"言必有用,术必有典,名必有实,事必有功",全心全意投入教学,为发展人民满意的教育做出应有的贡献。

[1] 赵晔著，张觉译注．吴越春秋全译[M]．贵州：贵州出版集团，贵州人民出版社，2008．

[2] 付玉贞．《吴越春秋》试论[D]．四川大学，2005．

[3] 王鹏．当代《吴越春秋》研究简述[J]．黄山学院学报，2005（05）．

[4] 戴云鹏编著．中华正能量[M]．北京：人民出版社，2014．

[5] 柯岩．位卑未敢忘忧国[J]．求是杂志，2002（17）．

[6] 赵立平．位卑未敢忘忧国：《耕砚窗稿》读后[J]．中国农村教育，2014（01）．

[7] 南怀瑾．论语别裁[M]．上海：复旦大学出版社，1990．

[8] 王直华．"默而识之"是高境[J]．科学24小时，2006（09）．

[9] 李晓华．"何有于我哉"非自谦之辞[J]．新语文学习，2010（01）．

[10] 陈桂生．师道实话[M]．上海：华东师范大学出版社，2005．

[11] 胡志强．现代教师的为师之道[J]．国学，2010（09）．

[12] 沈璠．师道与师德合一：构建教师专业伦理制度的理性探索[D]．陕西师范大学，2012．

[13] 郭志坤．荀学论稿[M]．上海：上海三联书店，1991．

[14] 王维庭．天地君亲师考释[J]．文史哲，1984（04）．

[15] 王志跃．礼有三本[J]．竞争力，2009（01）．

[16] 傅佩荣．解读论语[M]．上海：三联书店，2007．

[17] 金红菊．《论语》的"知"论探微[J]．武警学院学报，2007（01）．

[18] 翟杰．《论语》"知之为知之"片段赏析[J]．新语文学习（小学高级版），2008（05）．

[19] 朱永新．新教育之梦[M]．北京：人民教育出版社，2004．

[20] 吴乃恭．王阳明教育思想初探[J]．东北师大学报，1987（01）．

[21] 李雪松．王阳明教化思想与社会主义核心价值观建设[J]．学术交流，2014（06）．

[22] 司马迁. 百家汇评本《史记》[M]. 武汉：长江文艺出版社，2007.

[23] 石玥，许丽君. 心理弹性：积极面对挫折：心理弹性与积极心理学的契合 [J]. 思茅师范高等专科学校学报，2008（01）.

[24] 楚欣. 司马迁与《报任安书》[J]. 炎黄纵横，2011（08）.

[25] 杨伯峻. 论语译注 [M]. 北京：中华书局，1980.

[26] 宫文华. 从《论语》视角分析孔子的师生关系 [J]. 语数外学习，2012（10）.

[27] 詹安泰. 离骚笺疏 [M]. 武汉：湖北人民出版社，1981.

[28] 吴金莲. 路漫漫其修远兮 吾将上下而求索：试论托妮·莫里森作品的多重文化主题 [D]. 吉林大学，2008.

[29] 石妮. 教学之路，上下求索 [J]. 都市家教（上半月），2012（12）.

[30] 邓骏捷. 刘向校书考论 [M]. 北京：人民出版社，2012.

[31] 王伟民.《邹忌讽齐王纳谏》分析 [J]. 湖州师范学院学报，1979（03）.

[32] 潘云岩. 论《邹忌讽齐王纳谏》的说理艺术 [J]. 语文学刊，2005（04）.

[33] 徐兴海. 司马迁与《史记》研究索引 [M]. 西安：陕西人民教育出版社，1995.

[34] 周定珍，吕敏. 桃李不言自成蹊 [J]. 网络科技时代，2002（01）.

[35] 陈徽，张彦华. 桃李不言，下自成蹊 [J]. 中国研究生，2009（09）.

[36] 刘良华. 教师专业成长：刘良华教育讲演录 [M]. 上海：华东师范大学出版社，2008.

[37] 刘祖国. 自强不息 厚德载物 [D]. 杭州：浙江师范大学，2006.

[38] 启君. 自强不息　厚德载物：清华校训的来历 [J]. 老年教育，2007（01）.

[39] 谭平，万平主编. 国学经典导论 [M]. 北京：人民出版社，2010.

[40] 詹向东，刘兴策. 先天下之忧而忧 后天下之乐而乐 [J]. 中学语文，1982（09）.

[41] 文娟. 范仲淹教育思想研究 [D]. 西北师范大学，2004.

[42] 刘复兴，刘长城. 传统教育哲学问题新释 [M]. 武汉：湖北教育出版社，2000.

[43] 焦国成. 传统伦理及其现代价值 [M]. 教育科学出版社，2000.

[44] 吴举宏. 学者为己 [J]. 中国教师，2011（03）.

[45] 叶澜等. 教师角色与教师发展新探 [M]. 北京：教育科学出版社，2001.

[46] 张凤琴.教师职业价值观——教师职业发展的内在动因 [J].内蒙古师范大学学报，2004（03）.

[47] 雨石.孔子的"不亦乐乎"和孟子的君子"三乐" [J].当代学生，2006（08）.

[48] 顾明远总主编.历代教育论著选评 [M].武汉：湖北教育出版社，2004.

[49] 刘小珍.孟子学习思想的现代诠释 [D].江西师范大学，2006.

[50] 倪培民.求则得之 舍则失之——儒家尊严观之探讨 [J].社会科学，2011（01）.

[51] 陈昇."孟子"讲义 [M].北京：人民出版社，2014.

[52] 韦瑜，喻永婷.当班里出现自暴自弃的学生 [J].中小学德育，2013（07）.

[53] 袁枚.随园诗话 [M].南京：凤凰出版社，2009.

[54] 李兰芝.诗词艺术中的曲折和直致 [J].试题与研究（教学论坛），2014（02）.

[55] 冯梦龙.东周列国志 [M].武汉：长江出版社，2006.

[56] 郑永流.知者乐水 仁者乐山 [J].读书杂志，1998（06）.

[57] 陈银娥，李铁强.仁者乐山，智者嬉水，学者沉思——颜鹏飞教授学术思想述评 [J].高校理论战线，2008（01）.

[58] 杨海峥.汉唐《史记》研究论稿 [M].济南：齐鲁书社，2003.

[59] 薛飞."吾不如" [J].老年教育（长者家园），2011（10）.

[60] 董少堃.论司马迁笔下的张良及其思想来源 [J].安徽文学，2013（02）.

[61] 荀悦.申鉴 [M].上海：涵芬楼《四部丛刊》影印明文始堂本，1525.

[62] 常泰.评职称也要打假 [J].决策与信息，1996（06）.

[63] 慎海雄.不受虚言、不听浮术、不采华名、不兴伪事 [J].瞭望，2014（08）.